文春文庫

ちいさな城下町

安西水丸

文藝春秋

ちいさな城下町　目次

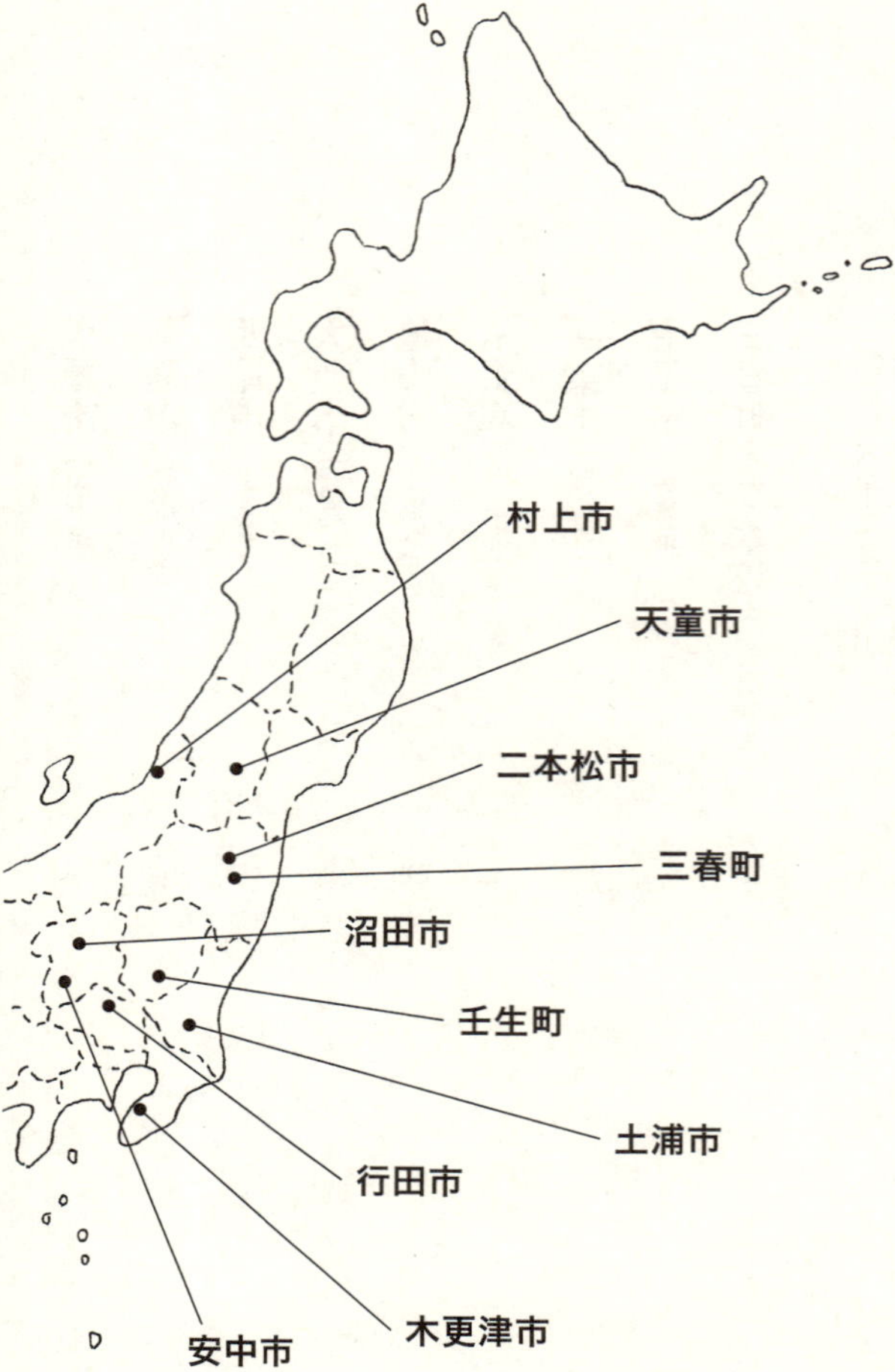
村上市
天童市
二本松市
三春町
沼田市
壬生町
土浦市
行田市
木更津市
安中市

ちいさな城下町マップ

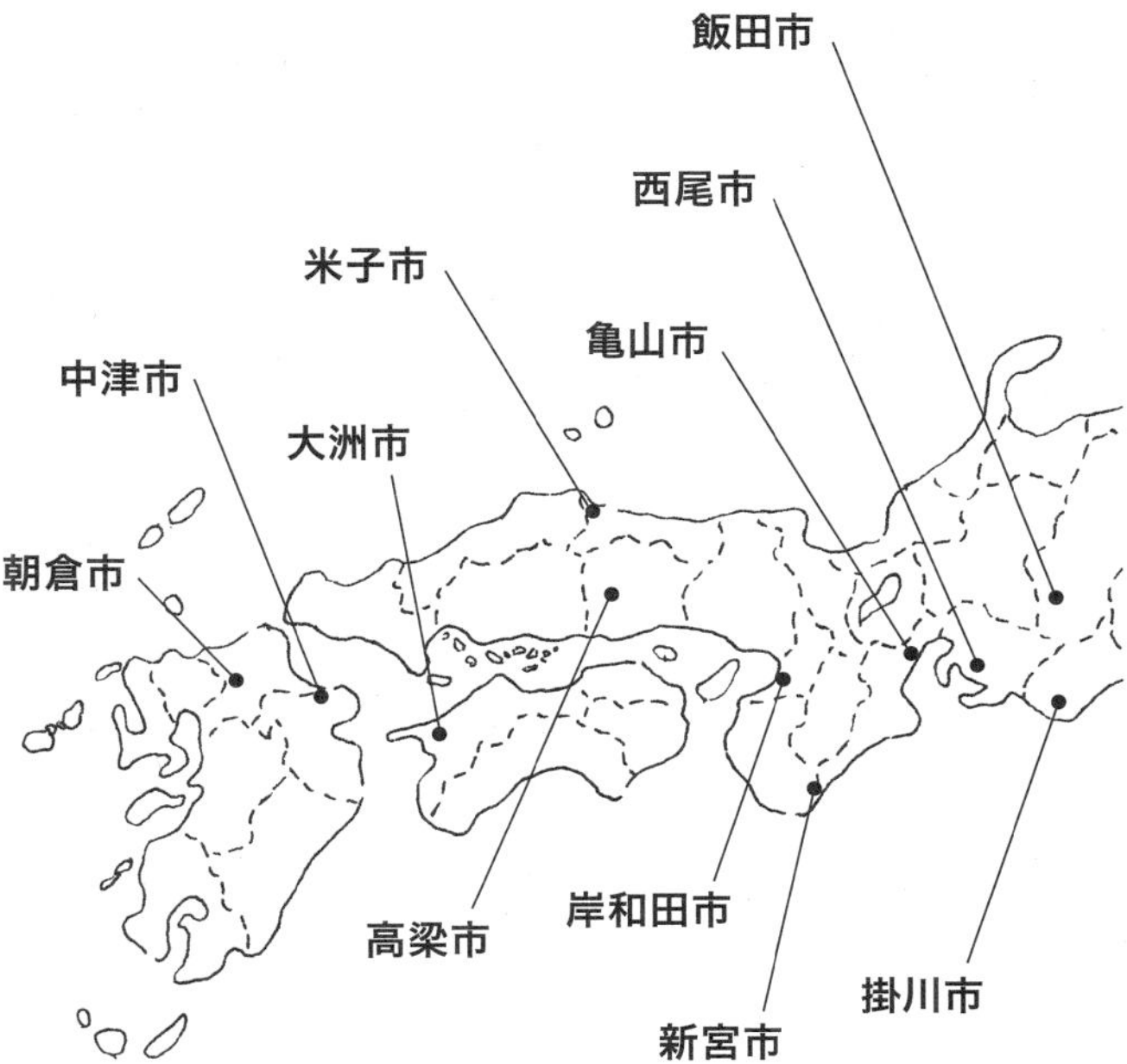

装画・挿画　安西水丸
デザイン　大久保明子

ちいさな城下町

村上市《むらかみ》（新潟県）

旅の楽しみの一つとして、何処《どこ》か地図で城址《じょうし》を見つけ、そこを訪ねることがある。たいていの城下町には城址があるわけだが、ぼくの城下町の好みは十万石以下あたりにある。そのくらいの城下町が、一番それらしい雰囲気を今も残している。

城址の楽しみにはいろいろあるが、その一番は縄張り（設計）だ。多くの人は城址となると天守閣などに注目するが、あんなものは大工仕事といっていい。

城址に立つと「兵《つわもの》どもが夢のあと」とでもいうのか、ふしぎなロマンに包まれる。なまじっか復元された天守閣などない方がいい。わずかな石垣から漂《ただよ》う、敗者の美学のようなものがたまらない。人間の持つ、権力への憧れや恐怖心も城址から感じ取ることがある。

新潟県の北に村上という町があって、ぼくはこの町が好きでよく出かけている。かつての村上藩の城下町で、一般には鮭の町として知られている。東京からは離れた土地だが、今は新幹線が新潟まで通っているので、その気になれば日帰りでも充分楽しめる。

もちろんこんな町も昔から知っていたわけではない。村上との関わりにちょっと触れてみたい。

親しい友人に小説家の村上春樹がいる。彼と工場見学の本を出そうということになり、あちこちの工場を見学して歩いた。文は春樹君が書いて絵をぼくが描いた。この本が出たのが昭和六十二（一九八七）年の四月、タイトルは「日出《いず》る国の工場」（平凡社刊・現新潮文庫）となった。この工場見学の最後の地が中条町《なかじょうまち》（現・胎内市《たいないし》）で、アデランスの鬘《かつら》工場だった。八月の終りのことだ。

新潟駅から帰る予定だったが、まだ時間があったのでタクシーを呼び、近くの町を観光することにした。タクシーの運転手が連れていってくれたのが村上だった。その時点で、ぼくたちは村上について何も知らなかった。お昼を食べようと当てずっぽうに入ったのが「松浦家」という鮭料理の老舗《しにせ》だった。その後町を散策したのだが、喰い違いの十字路が多く、ここはもしかしたら城下町ではないかとぼくは歩きながらおもった。映画館（今はない）があり、黒澤明監督の「用心棒」の看板があった。さらに歩いていると、「村上新聞」という新聞社があったので、村上市、村上新聞、村上春樹と、村上づくしで春樹君を新聞社の前に立たせて写真を撮った。小高い山があって、そこがかつての村上藩主の居城、村上城址であることもその時に知った。いい町だなあと、すでにぼくの気分は親近感を強めていた。さらに驚いたことに、ここにはぼくが世界で一番好きな「〆張鶴《しめはりつる》」の蔵元である「宮尾酒造」があったのだ。

　これがぼくと村上という町の関係のはじまりである。

　余談だが、その後皇太子殿下と小和田雅子さんとの御婚約が発表された。小和田家の御先祖はこの村上藩士だったらしく、雅子妃殿下は、御婚約

されるまで、本籍は村上市にあったという。当時（今もそうだとおもうが）、目黒区にあった小和田家に、目黒区長が〆張鶴を持参してお祝いに伺ったと何かで知り、なるほどなあとおもった。

これも余談だが、村上市では毎年の九月に国際トライアスロン大会が開かれており、この訪問の後、春樹君は毎年大会に出場している。ぼくはいつも応援に同行しているが、二回だけ仕事で行けなかった以外、彼は水泳、自転車、マラソンとすべて完走している。大へんなことだ。

本題に入ることにする。

城下町について、その町の歴史のあれこれに強く興味を持つ人と、そんなことはどうでもよくて、何かそこに美味《おい》しいものがあったり、それこそ武家屋敷などを何となく見てまわれればいいといった人との二つに分れるとおもう。ぼくは歴史派の方なので、ちょっと村上市の歴史に触れてみたいとおもう。

平安朝の頃、藤原氏の一族である中御門《なかみかど》家の領有する荘園が岩船郡にあって、小泉荘と呼ばれていた。範囲は今の村上市から朝日村（今は村上市に合併）あたりにかけてで、やがてそれに新しい領域が加わると、それまでの荘園を本荘と呼んだらしい。因《ちな》みに新しい領域は加納といった。

その頃地頭として鎌倉幕府から任命されていたのが、武蔵国（埼玉県）の秩父郡を出自とする秩父氏（祖は畠山重忠の弟重宗）だった。小泉荘の本荘に住んだのは秩父行長で、彼は本庄と改名する。本庄氏は鎌倉幕府が滅亡した後も土着し、国人領主となっていく。

本庄氏ははじめ猿沢（かつての朝日村）に居住し、堅固《けんご》な城を築くが、狭い面積

に不便を感じ、村上に城を移すことになる。年代は定かでなく推定するしかないが、明応年間（一四九二―一五〇一）の頃らしい。

当時の村上はまだ未開拓の地で、三面《みおもて》川河岸段丘の広い原野の東にある標高一三五メートルの独立した山（当時は村上山、今の臥牛山《がぎゅうさん》）に注目、この山一帯に城を築くことになる。これが村上城（別名舞鶴城）である。築城主は本庄房長で、跡を継いだのが息子の繁長だった。繁長は上杉家にあって鬼神の活躍をした人物として伝えられている。彼は上杉景勝より出羽庄内制覇の総督に任命されており、村上は越後において春日山城下につぐ軍事都市として発展する。江戸に入った家康は、北は山形の最上《もがみ》、東は米沢の上杉の押えとして村上を戦略的に重視していたらしい。徳川幕府が安定すると、幕末の騒動は別として、極めて穏やかな城下町として、現在に至っている。

村上の初代藩主となった村上義明という人物は謎に包まれている。史料が乏《とぼ》しいらしい。出まわっている書に「義明」の名はあるが、いずれの原文書にも「村上義明」の姓名はなく、「頼勝」ないしは「忠勝」と記しているというのだ。

ぼくはてっきり村上の初代藩主は、信濃国葛尾《かつらお》城主で、武田信虎（信玄の父）の軍を撃退したり、信玄と一進一退の攻防をくり返した勇将村上義清だとずっとおもい込んでいた。それというのは、義清はその後、信玄に敗れ、越後の上杉謙信（当時は長尾景虎）を頼っているからだ。ぼくのおもい違いは、村上市を度々《たびたび》訪ねた際訂正されたが、まあおもい違いは誰にでもあることだ。ただ、村上義明が頼勝だとすると、彼は上杉謙信を頼った村上義清の子で、上杉氏の重臣になった国清の弟になるので、まんざら無関係ではなさそうだ。頼勝には、十二歳の時加賀の国へ赴《おもむ》き、丹羽長秀に仕えたという説もある。実にややこしい話である。

村上の藩主はよく代っている。村上氏、堀氏、本多氏、松平氏、榊原氏、本多氏、松平氏、間部《まなべ》氏、内藤氏と目まぐるしい。最高石高の十五万石で入府したのが松平大和守直矩《なおのり》と、五代榊原式部大輔政倫、榊原政邦、本多吉十郎忠孝だ。最後の藩主内藤豊前《ぶぜん》守信美《のぶとみ》は五万九十石で、明治に至って版籍奉還後、藩知事になっている。

この五万九十石という石高が渋い。今、この程度の石高の城下町だった土地が一番それらしい雰囲気を残している。

村上城は本庄氏が城郭として整備したのがはじまりと伝えられているが、その後、村上氏、堀氏が度々補修を加えており、特に堀丹後守直寄《なおより》は天守閣を建て、石垣を補強したりしてこの城を完成させている。今の城址はこの直寄の時のもので、彼はまた城下の町割りにも気を配っていたらしく、現在の村上はその当時の町割りが基本になっていると考えていいだろう。

村上城址は臥牛山という、村上の町にぼこっと突き上った小高い山の上にある。町の人々は「お城山」と呼んでおり、桜、紅葉と、四季折々美しい姿を見せる山だ。臥牛山は、あたかも牛が寝そべっているかのように見える山ということからそう呼ばれているのだが、こういった山の名は日本の各地にある。ぼくは城址のある山頂に登ったが、登山道から七曲りというくねくねと曲った山道を登ると石垣が見えてきて、四つ門跡に出る。ここから山頂につづく城内に入ることになる。天守閣のあった山頂に立つと眼下に城下町村上の佇《たたずま》いを一望に見わたすことができる。北に下《げ》渡山《どやま》が、その麓《ふもと》を三面川の清流が流れ、それは日本海に注いでいる。西方には瀬波《せなみ》温泉の白い湯煙が海岸沿いの松林になびいている。日本海には左に佐渡島が、右には粟島の小さな島影が浮かんで見える。

村上城の城郭図を見ると、確かに臥牛山を上手に使った見事な縄張りとなっている。仮りに敵に攻められたとしても、一ヶ月くらいの籠城は可能だろう。堀直寄の築城のセンスはまあまあの合格点といっていい。ただこの城にはほとんど戦争の歴史はない。唯一、戊辰《ぼしん》戦争で新政府軍に攻撃されているが、この時（一八六八年八月十一日）は攻撃に堪《た》えられず、城を放棄した藩兵の手で火をかけられ呆気《あっけ》なく焼失している。

村上は鮭の町として全国に知られている。江戸時代には藩が漁業権を持って漁場を公売入札させ運上金を納めさせた。文化初年（十九世紀初頭）、わが国初の人為的な産卵孵化《ふか》場「種川《たねかわ》」を作り、鮭の増獲を図っている。

この種川制度を設《もう》け、鮭の自然増殖を実施したのが村上の下級藩士青砥《あおと》武平治だ。彼が鮭の回帰性に着目したのがきっかけだという。今、三面川の鮭公園には彼の銅像が建っている。

明治に入ってからは、旧藩士族が村上鮭産育養所を設け鮭漁をつづけ、その収益の一部は旧士族子弟の奨学金として貸し出されたらしい。その恩典に与《あずか》った者は「鮭の子」と呼ばれていた。雅子妃殿下の御先祖である小和田家も、もしかしたら「鮭の子」であったのかもしれない。

村上の名産として鮭のことを書いたが、この土地で採れる茶はわが国北限の茶として名高い。町並みの裏側のあちこちに茶畑が広がっている。ぼ

くも村上を訪ねる度に村上茶を土産《みやげ》として持ち帰っている。茶など東京のスーパーマーケットに行けばどこでも購入することができるのだが、村上茶の持つ香り、色、味わいは格別だ。

ついでというわけではないが、村上には工芸品として歴史のある堆朱《ついしゅ》と堆黒《ついこく》がある。朱や黒に色づけした漆《うるし》を幾重にも重ね塗りし、これに精巧な図柄を浮き彫りしたものだ。わかりにくかったら鎌倉彫りをおもい描いていただきたい。鎌倉彫りをさらに精巧にしたものと考えていいだろう。藩の保護を得て順調に成長した工芸品だが、今でも市内には生産工場があって、訪れるファンも多いらしい。ただ、申しわけないことにぼくの感覚はあまりこの工芸品には反応しないため、手もとには一つもない。

村上は越後地方では最も城下町らしい面影を残している。士族の住んだ本町には今でも門構えの厳しい武家屋敷が残っている。町人の住んだ村上町には京都風の格子戸《こうしど》を持つ町屋が多い。町名も、大町、小町、大工町、細工町、塩町、肴町などと、城下町ならではの町名を残している。庄内町や久保多町には曲り角の多い道や喰い違い道路、武者隠れのためののこぎり状の家並みなど、昔の佇いをよく伝えている。村上大祭や岩船大祭といった歴史のある祭りも多く、毎月、二と七のつく日に開かれる六斎《ろくさい》市と呼ばれる青空市場もこの町の人気行事だ。このところ町屋で開かれる「町屋の人形さま巡り」（三月―四月）や「町屋の屏風《びょうぶ》まつり」（九月―十月）も観光の人気を集めている。「町屋の人形さま巡り」は、町屋で暮す家々が、先祖伝来の雛人形などを飾り、訪れた人々を招き入れるといった催《もよお》しで、最近では七十軒余りが参加するという大イヴェントになっている。「町屋の屏風まつり」の方も、約六

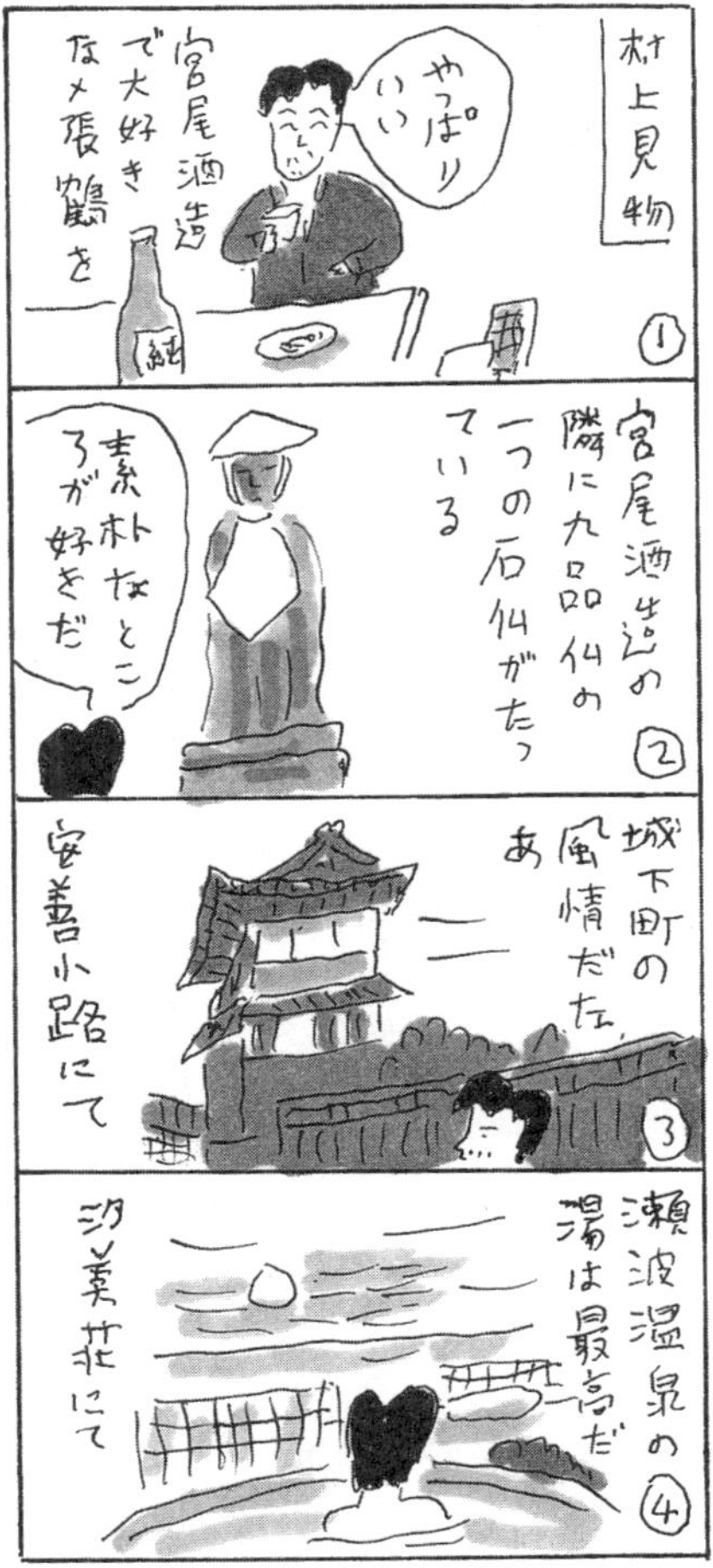
村上見物
やっぱりいい
宮尾酒造で大好きな〆張鶴を
宮尾酒造の隣に九品仏の一つの石仏がたっている
素朴なところが好きだ
城下町の風情だなあ
安善小路にて
瀬波温泉の湯は最高だ
汐美荘にて

十軒が参加しているという。

村上藩の最後の藩主内藤氏は、町人に対し、士族の格式を極めて優遇したと歴史に語られているが、どうも今は町人側の方が元気があるようだ。

ぼくはいつも村上駅に着くと、まずは常宿にしている瀬波温泉の汐美荘へ直行する。ここはサンセットポイントのホテルとして知られている。夕日などは日本海に面していれば何処でも見られるわけだが、汐美荘の露天風呂から見る、水平線に沈む夕日はまた格別といっていい。

村上は日本有数の米どころでもある。炊《た》きたての岩船のこしひかりを、塩鮭で食べるのはたまらない。米がいいということは水がいいということで、米と水がいいということは美人が育ち、いい酒が生れるというわけだ。通りを歩く女性たちの水準は高い。

酒といえば、この町で造られている〆張鶴はぼくが世界で一番愛飲してやまない酒である。〆張鶴の宮尾酒造の当主は十四代目になる宮尾行男氏（二〇一二年より会長）で、造り酒屋の当主としてはめずらしい慶応大学出の紳士だ。村上に入り、宮尾氏との夕食時、〆張鶴を傾けつつの談笑は何にも替え難い。前述した村上国際トライアスロンの日も、春樹君の完走を見とどけ、着替えた彼を待ってみんなで宮尾家を訪問するのが楽しみの一つになっている。

宮尾酒造（片町）の隣りには九品仏《くほんぶつ》の一つが建っている。悪霊除《よ》けのために城下の要所に建てた石仏で、これが素朴《そぼく》でなかなかいい。立っているものと座っているものがあり、宮尾酒造の隣りの石仏は立っている。また村上の北には国の名勝天然記念物に指定されている笹川流れがある。波によって浸食された岩壁がバロックな景観を見せている。近くには海水浴場もあり夏には賑わうらしい。ぼくは春先に行ったことがあるが、海岸にイカを吊して干してある風景が印象的だった。

城下町という歴史が作り出す家並み、神社仏閣、人々の暮し、祭り、今はただひっそりと佇む城址。あちこちと旅をしていて味わうことの楽しみはこんな城下町に巡り合うことだとおもう。村上もそんな町の一つだ。小さな城下町だからこそ残っている、そんな風情《ふぜい》を楽しみたい。

行《ぎょう》田《だ》市（埼玉県）

祖母と母は明治、姉の二人は大正、その後の三人の姉は昭和の戦前（太平洋戦争前）に生れている。末っ子のぼくは一番下の姉から七年後に生れた。多分父親が何処かで泥酔《でいすい》して帰宅したのだろう。父親は早世《そうせい》したので（ぼくは三歳だった）、ぼくは女だらけのなかで育っている。極めて和風の家だったこともあり、彼女たちは和服でいることが多かった。そんなわけで、わが家にはよく足袋《たび》の行商がやって来た。行田という町を知ったのは、足袋の行商がよく行田のことを話していたからだ。足袋といえば行田、ぼくは子供の頃から日

本の足袋はほとんどこの町で作られているとおもい込んでいた。

　大人になるに従い行田のことは頭から離れていった。そんなぼくに行田の足袋の話をしたのは銀座のクラブのホステスだった。仮りに奈津子さんとしておこう。彼女はいつも着物で店へ出ており、当然だが足袋をはいていた。

「わたし、足袋は行田のものを買っているんですよ。東京で買うんだけど、時々行田まで行くこともあります」

　久しぶりに耳にする行田の地名だった。子供の頃のことが懐しく思い出され、行田関係の本をあれこれ読んでみたところ、この町に関東の名城と謳《うた》われた忍城《おしじょう》のあることを知った。ぼくはすでに中年になっていた。

　はじめて行田市を訪れたのは、日記を見ると昭和六十一（一九八六）年の春となっている。桜が八分咲きの頃らしい。

——一週間ほどしたら東京の桜は満開になるだろう。うららかな春の昼近く、上野駅から上越新幹線（とき）に乗り、熊谷駅に出て秩父鉄道に乗り替えた。

　日記には行田行きのルートがそう書いてある。今度の行田行きはそれ以来のことで、東京駅からやはり上越新幹線で大宮駅へ出て、そこから高崎線に乗り替えて吹上《ふきあげ》駅で降り、タクシーで忍城跡へと向った。タクシーは昭和六十三（一九八八）年に再建されたという忍城御三階櫓《やぐら》の目の前に止った。はじめて行った時は、影も形もなかった御三階櫓にぼくは目を見張った。立派だった。

以前もおもったが、行田という町は確かに忍藩の城下町ではあったが、これといったそれらしさはほとんどない。ただ、歩いていると城下町特有の、喰い違いや鍵形の道路がところどころにある。またどっしりとした蔵なども多い。蔵は多分足袋製造で財《ざい》を成《な》した家のものだろう。

再建された御三階櫓は、一階屋根に千鳥破風《はふ》、三階屋根に唐《から》破風を備え、白壁に切られた連子《れんじ》格子が美しい姿を堀に映し水面でゆれている。この櫓は、かつては本丸から南へ三〇〇メートル以上離れたところにあって天守の役割を果していたのだという。

堀に架《かか》った橋を渡り威厳のある門（これも復元）をくぐり城内に入った。一角に鐘楼（復元、鐘は郷土博物館に保存）などがあってなかなかいい雰囲気だ。この鐘は、伊勢桑名より十万石で入城した松平（奥平）忠堯《ただたか》が運んできたもので、その音は忍藩の自慢の一つだったという。音楽はわからないが、子供の頃から音マニアだったぼくとしてはちょっと気になっている。

特別願うものはないが、近くにあった東照宮に参拝した。

昔の図面を見ると、かつての東照宮は忍城内にある。

忍城は広大な湖沼のなかの島々に縄張り（設計）された水城で、宇都宮城、川越城などと共に関東の七名城の一つに数えられている。この城が世に名を残しているのは、豊臣秀吉の小田原城攻めで、関東の北条氏の支城の攻略を担当した二万三千の石田三成軍に対し、忍軍はわずか二千六百人ほどで立ち向い、ついに落ちなかったということだろう。文官としては才のあった三成だが、戦さは下手だったという。それにしても忍城兵士の奮戦には称《たた》えるべきものがある。

因みに、この三成の忍城攻めを書いた読み物では、「水の城　いまだ落城せず」（風野真知雄著、祥伝社文庫）、「のぼうの城」（和田竜著、小学館文庫）などが知られている。興味のある方には一読を勧める。特に「のぼうの城」はベストセラーにもなったし、映画化もされており、行田の町を歩いているとそれらしきポスターも貼ってある。行田市民はそれとなくうれしそうだ。

松平（奥平）忠堯が伊勢桑名より運んできた鐘楼

天正十八（一五九〇）年四月、石垣山に陣を張った豊臣秀吉は、関東に散らばる北条氏の支城攻めを開始する。秀吉軍の猛攻に堪えられず、川越城、岩槻城など次々と開城していく。六月四日、館林城を降《くだ》した石田三成軍二万三千余は、勢いに乗って忍城へと襲いかかる。忍城主の成田氏長《うじなが》は小田原城に出兵し籠城している。普通なら即降伏《こうふく》ということだろうが、報を受けた氏長の妻は老臣たちと謀《はか》り反撃の狼煙《のろし》を上げるのだ。兵力は、百姓、町人、さらに僧侶まで城内に入れても武士と合わせて二千六百余だったという。

石田軍は三方から攻撃を開始する。ところが湖沼に造築された忍城へは道も狭く、兵は深田や沼に足を取られ苦戦する。そこへ忍城兵たちは銃を撃ち弓を射かけるからたまらない。翌日、三成は筏《いかだ》を浮かべて攻撃したというが、これも失敗する。誰が進言したのか、筏という戦法がいただけない。

三成は丸墓山古墳に陣を張り、忍城と城下を一望、水攻めがよしと判断する。利根川と荒川の水を流し込む策を立てたのだ。城の南西四キロほどの荒川左岸から丸墓山付近を通して北は利根川右岸まで達する全長二八キロの堤を完成させたのだ。しかしそんな大規模な水攻めにも城は落ちなかった。城周辺は水に浸《つ》かるが水没しない。忍城は水に浮く。誰からとなくそんな噂が流れはじめ、忍城は、「忍の浮き城」として歴史に名を残すことになるのだ。

すったもんだしているうちに、三成にとって不幸にも、ある日豪雨が叩きつける。堤はまたたくまに決壊、石田軍は二百七十余名の死者を出したという。水攻めは失敗したのだ。

天正十八年七月五日、北条氏は秀吉軍に降伏し、小田原城は開城した。北条氏の

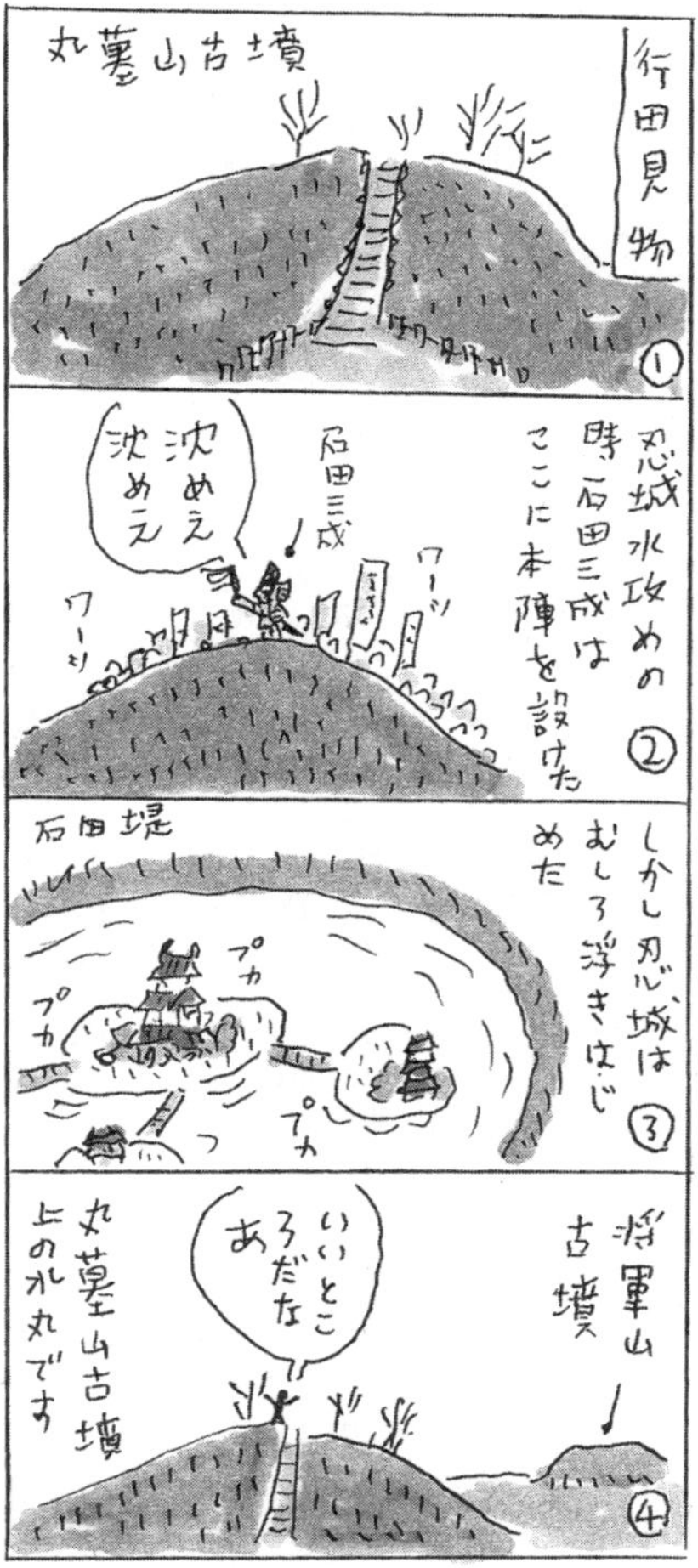

降伏に伴い、忍城主成田氏長は秀吉の命により使者を送り忍城は開城する。忍城は最後まで落ちなかったのだ。いずれにせよ、忍城はこの攻防戦により歴史に名を留めたといっていい。

忍の城下にはその後はこれといったことはない。徳川家康が関東に移封されると、忍城は江戸城北の防備の要《かなめ》の城として、代々親藩・譜代の大名が忍城主に入っている。文禄元（一五九二）年、家康の四男松平忠吉が入封、忠吉が尾張清洲《きよす》に移ると、天領時代を経て、寛永十六（一六三九）年に阿部忠秋が五万石（後に十万石）で入城、九代世襲するが、文政六（一八二三）年、阿部正権《まさのり》が陸奥《むつ》白河に移り、代って伊勢桑名から松平（奥平）忠堯が十万石で入城、以後忍城は松平（奥平）氏五代の居城として明治維新を迎えている。

それにしてもほんとうに石田三成は戦さ下手だったのだろうか。水攻めにしたところで手間隙《てまひま》がかかるし、人夫の賃金だって馬鹿にできない。いくら秀吉の信頼厚い三成にしても、こんな大がかりなことは独断ではできないだろう。

「関白（こう呼んだかどうかわからないが）、忍城なるは、沼地に縄張りされており、各曲輪《くるわ》を橋で結ぶという奇っ怪な城でござる」

仮りに三成が秀吉にそう言ったとする。

「ほう面白い。関東にそんな奇妙な城があったとはのう。三成、一つ水攻めでもして驚かせてはどうか。小田原の落ちるのも間もないことじゃ、まあのんびりやってくれ」

面白がり屋の秀吉としてはそんなことを言ったかもしれない。それにしても豪雨に襲われたのは三成の不幸としかいえない。歴史にはこんな天のいたずらもあるということだ。

また余談になるが、能登に伝わる御陣乗太鼓《ごじんじょだいこ》という勇壮な太鼓がある。ぼくは好きでよくCDで聴いている。何でも上杉謙信が能登を攻めた時、数少ない守備軍が、大勢いるように見せかけるため、木の皮を剝《は》いで作った面をかぶり、太鼓を打ち鳴らしたのがはじまりだという。上杉軍はこの太鼓に驚き退陣したと歴史は語っている。素人《しろうと》考えで申しわけないが、上杉謙信ともあろう武将が、太鼓の音ごときで軍を退《ひ》くだろうか。

「田舎《いなか》臭い太鼓など叩きおって」

八幡山古墳石室にて
「関東の石舞台」と呼ばれているとか
行田って
ふしぎな
ところだ

きっと謙信は馬鹿ばかしくなったのではないか。ぼくはおもっている。歴史や歴史本はことさら劣勢側に味方して書かれている場合が多い。

そんなことをおもいつつ行田の町を歩いた。足袋の町らしくところどころに足袋屋の看板がある。気に入ったのは「金婚足袋」の看板だった。いいネーミングだとおもった。

行田の足袋の歴史ははっきりしていない。行田町の明細図によれば、江戸期の享保年間（二百八十年ほど前）にはすでに三軒の足袋屋があったという。天保年間（百七十年ほど前）には二十七軒に増えているというから、この土地の最大産業といっていい。やがて足袋工場に裁断機やミシンが導入されたことにより生産はますます高まり、昭和十三（一九三八）年には最盛期を迎え、全国生産の八〇パーセントを占めたというから、行田はまさに足袋の町なのである。

足袋屋と同じに目につくのが、「名物フライ」という看板だ。何故行田はフライが名物なのか。まだ昼前だったがそのフライの店に入ってみた。それでわかったのだが、フライとはいうものの、それはどちらかというとお好み焼きのようなものだった。メニューに「ゼリーフライ」とあったので、何が出てくるのか、破れかぶれで注文してみた。

出てきたのは、ゼリーとはまったく別物で、小判形をしたコロッケのようなものだった。しかしパン粉は使われていない。試しにというか、とにかく食べてみた。なかにはジャガイモやニンジン、それにたくさんのオカラが入っている。モチモチしていて変な食感だった。

「これ、何でゼリーフライなんですか」

訊いてみた。

「小判の形してるでしょう。はじめはそれで銭《ぜに》フライと言ってたらしいんですけど、訛《なま》ってゼリーになったんです」

気のよさそうな店のおばさんは説明してくれた。「銭」が「ゼリー」になったというわけだ。行田ではフライを食べさせる店をフライ屋さんというらしい。まあ郷土料理の一種だろう。足袋職人たちが、おやつや夜なべの時の空腹をまぎらわせるため流行り出したのだそうだ。元々は中国から入った野菜饅頭《まんじゆう》ということだった。

店を出て歩いた。ところどころに城下町特有の喰い違い道路が残っている。古い蔵があって、その隣りの建物には「足袋とくらしの博物館」と看板が出ていた。歩いているとまた古めかしい蔵があって、そこは「忠次郎蔵」といって蕎麦《そば》屋だった。もり蕎麦を食べた。この蕎麦屋の蔵は、足袋の原料を商っていた小川忠次郎商店の店舗及び主屋として昭和四（一九二九）年頃に建てられたものらしい。今、国の登録有形文化財に指定されている。

店でタクシーを呼んでもらい「さきたま古墳公園」へと向った。「さきたま」でわかるように、それは埼玉県の名前の由来になっており、行田は埼玉県発祥の地でもあったのだ。

「さきたま古墳公園」へ行く前に、「八幡山古墳石室」と「成就院《じょうじゅいん》」の三重塔を見た。一般には「八幡山古墳」と呼ばれている八幡山の石室は、昭和九（一九三四）年に約二キロ東にあった小針沼《こばりぬま》の埋め立ての際古墳を崩したところ現れたのだという。この石室は奈良の石舞台に匹敵《ひってき》する巨大なもので、「関東の石舞台」などとも呼ばれているらしい。

「さきたま古墳公園」は久しぶりだった。二子山古墳、将軍山古墳、丸墓山古墳など、いくつかの古墳群が公園のなかにある。気持のいい公園で、ましてや考古学ファンにはたまらない場所だろう。ここにある丸墓山古墳こそ、石田三成が忍城攻めの際本陣を敷いたところだ。前述したが、三成はこの古墳の上から忍城下を眺め、水攻めを敢行したのだ。

丸墓山古墳は、直径一〇五メートル、高さ一八・九メートル、周囲三〇七メートルあって、わが国の円墳としては最大といわれている。石段を上って頂上に立った。なかなかの眺めだ。頂上には桜の木もあって、春には花見客で賑わうらしい。南の方角に国道一七号バイパスが見え、そのあたりに三成の水攻めの際に造られた堤が「石田堤」としてわずかに残っているらしいが、はっきりと目にすることはできなかった。丸墓山古墳に至る道も三成の水攻めの堤だったという。

初冬の風がつめたく吹いていた。遠くに連なる山々はすでに雪を頂《いただ》いている。ぼくはゆっくりと丸墓山古墳の石段を下り、待ってもらっていたタクシーで吹上駅へともどった。途中利根川から引かれた武蔵水路や忍川を渡った。陽が西に傾き、行田の市街が、今や幻の城下町が、シルエットになって見えた。

帰りの電車のなかで、行田の「忍書房」で購入した「中世武蔵人物列伝」（埼玉県立歴史資料館編）を開いた。

――忍城主成田氏は、埼西《きさい》郡成田郷を本貫の地とする武蔵武士成田氏の後裔で、戦国期には、顕泰《あきやす》・親泰・長泰・氏長の四代にわたって発展し、忍領・本庄領・羽生《はにゅう》領・騎西《きさい》領よりなる広大な成田領を支配した。長泰・氏長父子は、後北条氏と上杉謙信の抗争を巧《たく》みに利用し、後北条氏には従属と対抗をくりかえしていたが、最終的には他国衆として北武蔵における強大な勢力圏を与えられ、後北条氏と運命をともにした。

「成田長泰・氏長」の項の冒頭に書かれた文だ。埼西郡成田郷は現在の熊谷市になる。氏長は戦国期の忍城、最後の城主である。

行田は近い。見どころも多い。また時々出かけてみたい町である。

朝倉市《あさくら》（福岡県）

秋月城は
陣屋造りの
城だったという
（長屋門にて）

高校一年の秋、自宅近くのボクシングジムに入門した。このジムには、当時そのパンチ力を稀《き》代《だい》の名刀「正宗」に喩《たと》えられた関光徳《みつのり》がいた。何度かシャドウボクシングをしている姿を見かけたが、何処か孤独な影を引きずっていた。天才ボクサーというのはそんな風に見えるのかもしれない。関は強烈な左ストレートと右フックを武器に、世界タイトルを五度戦っているが、すべてに敗れた。そのためか「悲運のボクサー」とも言われている。いずれにせよ名ボクサーである。

ぼくをジムに誘ったのは近所に住

む年上の友人だった。入門した日、トレーナーから構えてみろと言われ、ごく自然にファイティングポーズを取った。

「お前ギッチョか」

トレーナーに言われた。子供の頃から左利きだったが、それを嫌った母親に書道教室へ通わされ、強引に右利きに直している。今でも絵を描いたり食事をする時、左を使うことがある。

そんなことをトレーナーに答えた。

「左は世界を制すってのを知ってるか」

トレーナーの言葉に舞い上った。

毎日縄跳びばかりやらされた。そうこうしているうちに誘った友人がやめてしまった。これにはまいったが、何かにつけて優柔不断なぼくはやめたいとも言えず、トレーニングをつづけていた。

仁鳥《にとり》(仮名)はぼくより三歳上で、ジムの先輩だった。ちょっと不良っぽい荒《すさ》んだ目つきをしていたが何かと親切にしてくれた。出身は福岡県の博多だったが、父親の転勤で上京し、ジムには西麻布から通っていた。ボクシングは九州にいた時からやっていたらしかった。

「お前手が小さいなあ。小さい手の方がボクシングには向いてるんだよ。パンチが喰い込むからな」

仁鳥に言われたこの言葉は今でも時々思い出す。結局ぼくは、高校卒業と同時にジムをやめたのだが、その間、練習試合を八回行い、成績は二勝六敗と大きく敗《ま》け越している。六敗のうち三敗は仁鳥との試合だった。

仁鳥と再会したのは四十二の時で、ぼくは厄年《やくどし》だった。「九州グラフィックデザイン協会」の公募展での審査員を依頼され福岡へ行った時、公募委員の一人として福岡空港へ出迎えに来ていたのだ。何と、彼はグラフィックデザイナーになっていた。こっちも驚いたが向うも相当に驚いたようだった。

「何だ、ワタナベかよ」

渡辺はぼくの本名だった。

その後ぼくたちは連絡を取り合い、度々一緒に仕事をした。仕事で出かける博多でよく飲むこともあった。

一九八〇年代の終りの頃だったとおもう。ぼくは博多にあるデパートの仕事を依頼され、いつものように仁鳥と会った。残暑の厳しい季節だった。

「明日、鯉《こい》食べに行かないか。洗いの旨《うま》いところがあるんだ」

翌日、ぼくは仁鳥の車で出かけた。仁鳥夫人も一緒だった。目的地が何処なのかまったくわからなかった。

田舎道にひっそりある料理屋で鯉の洗いを食べた後、仁鳥はぼくが好きそうな町があるからと言い、車を走らせた。

この日がぼくと城下町秋月《あきづき》との出合いになった。

秋月城跡の下を通る杉の馬場を歩きながら、ここが秋月藩五万石の城下町だったことなどを思い出した。初代藩主は黒田藩（福岡藩）初代藩主黒田長政の三男、黒田長興《ながおき》だ。彼は父親の遺言によって秋月に五万石を与えられている。

秋月は、古処山《こしょさん》（八六〇メートル）、屏山《へいざん》（九二七メートル）、馬見山《うまみやま》（九七八メートル）などの山々の麓に、ひっそりと佇んでいるといった感じだった。この日はひどく暑く、杉の馬場の桜並木でしきりと蟬《せみ》が鳴いていた。

それから数年後のこと、九州新幹線全通のシンポジウムに招かれ博多へ出かけた折り、一人で秋月へと足を延《のぼ》した。朝倉市秋月へは博多から鹿児島本線に乗り、基《き》山《やま》駅で甘木《あまぎ》鉄道に乗り替える。終点の甘木駅で降り、あとはバスかタクシーになる。

二月ももうすぐ終る頃で、東京は寒い日がつづいていたが、秋月は春のような暖さだった。城下町散歩にはこの上ない陽気といってよかった。

タクシーは甘木駅を出ると左手に小石原川を見て走る。ぼくの好きな民窯《みんよう》、小石原焼きや小鹿田《おんた》焼きはこの近くなのだろう。長谷山のバス停を右折すると、目鏡橋が見えた。秋月藩中興の祖といわれる黒田長舒《ながのぶ》が長崎の石工を招いて造らせた石橋だ。天明五（一七八五）年に八代藩主になった長舒は、福岡本藩の代りとして長崎警護を務《つと》めており、長崎から石工を招いたのはその時の縁だろう。文化七（一八一〇）年に完成したこの橋は、はじめは長崎橋と呼ばれていたらしい。今、目鏡橋は秋月観光の人気スポットになっている。

野鳥《のとり》川（禽川《きんせん》）に架る野鳥橋でタクシーを降り、杉の馬場を歩く。左手に秋月郷土館、秋月城跡、長屋門、黒門とつづいている。秋月郷土館は江戸期、戸波六兵衛定次を祖とし、馬廻《うままわり》組知行三百石を拝領し、代々馬廻頭、鉄砲頭、中老、家老等の要職を務めた家柄の戸波半九郎の屋敷跡だ。半九郎は、明治九（一八七六）年に起きた秋月の乱に秋月党として豊津まで攻めのぼるが、乃木希典ら

小倉《こくら》鎮台兵に敗れ、他の六名と共に江川谷で自刃している。館内には黒田長政が三男長興に秋月五万石を分知するとした遺言状や、長興が長政から拝領し、彼が島原の乱に着用した「律管の冑《かぶと》・緋糸威《ひいとおどし》の鎧《よろい》」、その他にも、主な藩士たちの甲冑《かっちゅう》が展示されていてなかなか見応えがある。

秋月城は天守閣や堅固な石垣に支えられた武士溜りはなく、陣屋造りの城だったらしい。今は石垣のみだが（門の奥は秋月中学で、この校舎もいい雰囲気だ）、何処か質実剛健なムードが漂っている。ここは秋月藩が誕生する前は秋月氏（秋月氏については後述する）の館だった梅園の建物を修理して城を築き、城下町を構成したのだという。

秋月城跡を過ぎると長屋門、黒門とつづく。これらの並ぶ杉の馬場は桜の並木で、花の季節には花見の観光客で賑わうらしい。今はシーズンオフのためかひっそりとしている。

秋月というのはなかなか恰好いい地名だ。豊臣秀吉の九州征伐で島津、秋月の連合軍が敗れ、その後黒田藩の支藩としての秋月藩が誕生するわけだが、それ以前の秋月氏の祖は、平安時代に大宰府《だざいふ》を中心に勢力を誇った大蔵氏（漢室の末裔《まつえい》と称される渡来民で、帰化してわが国の王朝に仕えている）だ。源平争乱の時、当主の大蔵種直は葦屋《あしや》浦《うら》で敗死している。種直の子で、大蔵氏一族の原田種雄《たねかつ》は、建仁三（一二〇三）年に鎌倉幕府から赦免され、秋月荘を拝領、秋月を名字にし古処山に城を築く。ここから秋月氏の時代がはじまったといっていい。約四百年つづいたという秋月氏の時代だが、あまりくわしくはわかっていない。ただ鎌倉時代の文献の「蒙古襲来絵詞」に、秋月九郎種宗なる人物が小舟の先頭に立って蒙古軍と戦っている

秋月見物
秋月郷土館にて
戸波半九郎屋敷跡かあ
黒田長政から拝領の突盔《とっぱい》の兜ねえ
いろいろあるなあ
初代藩主黒田長興が島原の陣で着用した
律管の冑と緋糸威の鎧

姿が描かれている。種宗は秋月家の系図に載っていないので如何《いか》なる人物か解っていない。当時の当主だった種家かその弟という説もある。

戦国時代では、秋月氏十六代の種実《たねざね》の活躍が光る。種実は中国地方の毛利氏、大内氏と結び、豊後の大友氏との戦いに闘志を燃やしている。合戦を重ねつつ、種実は支配地を広げ、天正年間（一五七三―九二）には、豊前（今の福岡県の東部、一部は大分県北部）、筑前（今の福岡県北西部）、筑後（今の福岡県の南部）地方で十一郡を治める有力な戦国大名に成長している。このあたりのことは吉永正春氏の「九州戦国合戦記」（海鳴社刊）、「九州の古戦場を歩く」（葦書房刊）に興味深く書かれている。秋月氏の祖大蔵氏の本流は原田氏で、名前に「種」の一字を使っている。何かよほどの意味があるのだろうか。

天正十五（一五八七）年、天下制覇を目ざす秀吉は大軍を率いて九州に親征してくる。北上する薩摩と同盟している秋月氏は地盤の強化を図《はか》り秀吉軍を迎え撃つ。秋月種実は重臣の恵利内蔵助暢尭《えりくらのすけのぶたか》を使者として派遣する。内蔵助は秀吉軍の強大さから勝ち目のないことを悟り、種実へ自身の切腹を以て諫言《かんげん》するが、強気の種実は徹底抗戦を断行する。結果居城であった岩石城《がんじやく》は一日で落城、種実はようやく敗けを悟《さと》り、名器の茶入《ちゃいれ》「楢柴《ならしば》」を献上し降伏に至るのである。

因みに茶入「楢柴」は、もともと博多の豪商島井宗室が持っていたものを、如何なる方法を使ったか、種実が強引に手に入れたものらしい。かつては豊後の大友宗麟もこれを望み、断わられている。「楢柴」を手にした秀吉は同年十月の北野の大茶会でこれを用いているというから稀代の名器なのだろう。

秋月に入った秀吉は三日も滞在したという。静かな山間のこの土地を秀吉は気に入ったに違いない。

「この風光明媚《ふうこうめいび》、戦さ疲れをよう癒《いや》してくれるわ。誰ぞ茶を立てよ」

こんなことを言ったかどうかはわからない。秀吉が秋月で腰かけたという「太閤石」は、現在金《こん》光《こう》教秋月教会（秋月美術館の裏手）の庭に残っている。

九州での戦後処理として、秋月氏は日向《ひゅうが》高鍋へ移されることになる。初代種雄から十七代、約四百年に及ぶ秋月での活躍はここで終焉《しゅうえん》を迎えるのだ。

秀吉の時代が去り、慶長五（一六〇〇）年、関ヶ原の戦いで勝利した徳川家康は、恩賞として筑前を黒田長政に与える。長政は新たに「福岡」という城下町を形成し福岡藩の初代藩主となり、秋月には叔父の黒田直之が一万石を得て移り住んだ。元和九（一六二三）年、長政の遺言により二代藩主忠之は、弟の長興に秋月周辺の五万石を与え、ここに支藩秋月藩が誕生することになる。

秋月藩の中興の名君といわれているのが、前述の八代藩主長舒だ。彼は黒田氏の前まで秋月を治めていた名家で、当時は日向高鍋に移封されていた日向高鍋藩主秋月種穎《たねひで》の二男。幼名は秋月幸三郎という。秋月藩四代藩主黒田長貞の曾孫にも当り、つまり秋月と黒田両家の血を引いているのだ。さらに書けば、長舒は、叔父に上杉鷹山《ようざん》がおり、上杉謙信、秋月種実、黒田如水、吉良上野介、妻方には山内一豊と、多彩な血を受け継いでいるのだという。

名君としての血統と若さを武器に、彼はさまざまな業績を達成している。葛《くず》、和紙、焼き物、製糸等の産業を奨励し、また藩校「稽古館」も設けている。ここからは原古処《こしょ》（儒学者）、緒方春朔《しゅんさく》（医師）、斎藤秋圃《しゅうほ》（画家）などが出ているが、特に緒方春朔は、わが国初の人痘種痘法《じんとうしゅとうほう》に成功しており、そのことは、あのジェンナーの牛痘種痘の発明より六年も前のことだという。「種痘の父」は日本にいたのだ。

かつて秋月藩士たちが往来したであろう杉の馬場を行ったり来たりした。お昼は野鳥橋の袂《たもと》にあった店で手打蕎麦を食べた。腰のしっかりした蕎麦だった。秋月は葛切りなども美味しいらしい。

草木染めや和紙の店を覗いたり、陶器店で小石原焼きの片口などを購入した。武家屋敷の旧田代家や久野家、商家の石田家なども見て歩いた。田代家は保存もよく、いかにも武家屋敷といった雰囲気があった。家系は、初代秋月藩主、黒田長興に付けられた家老、田代外記《げき》を祖としているのだという。

太閤（秀吉）が腰かけたという「太閤石」を見て野鳥川に架る秋月橋を渡って国道三二二号に出る。秋月のバス停あたりにもかつての武家屋敷らしい家が数軒残っている。黒田氏の菩提寺だという古心寺へ歩きながら、吉村昭氏の書いた「最後の仇討」（新潮文庫「敵討」所収）のことをおもいうかべた。

この事件は、幕末の秋月藩で起きたいわゆる内ゲバが発端となっている。幕末、何処の藩でもそうだったとおもうが、勤王か佐幕かで藩論が対立している。秋月藩の主流は公武合体派で、これに反対する勤王派の若侍《わかざむらい》たちが「干城隊《かんじょうたい》」（干《たて》と城の意味で、国家を守るといった思想）という組織を作り、慶応四（一八六八）年、次席家老で公武合体論を唱えていた臼井《うすい》亘理《わたり》を暗殺してしまう。この時止めに入った亘理の妻女も殺される。息子の臼井六郎は当時十一歳で、むごたらしい現場を見てしまう。その光景は六郎の頭から離れず、いつの日か必ず報復することを心に誓うのだ。

やがて父親を残殺した下手人が一瀬直久だと判明する。

時代は移り、明治四（一八七一）年、廃藩置県令が出て、秋月藩は秋月県になる。

旧藩主は東京へ去り、主だった藩士も上京する。一瀬直久もその一人で、彼はやがて東京上等裁判所判事に出世していく。仇討《あだうち》に執念を燃やす六郎の努力は涙ぐましい。彼が一瀬直久を討ち果したのは明治十三（一八八〇）年のことになる。事件は日本最後の仇討として、当時広く世間に報道されたという。

すでに仇討禁止令の後のこともあって、六郎は終身刑を言いわたされるが、模範四であったこともあり、明治二十二（一八八九）年の憲法発布に伴う特赦により減刑され、明治二十四（一八九一）年に釈放されている。

古心寺には、黒田長政をはじめ、秋月藩初代藩主長興以下歴代の藩主、その夫人たちの霊が祀《まつ》られている。臼井六郎の墓（彼の両親の墓も）もここにあるらしいが見つからなかった。

また国道三二二号に出て目鏡橋へと歩く。川辺で菜の花が寒そうにゆれていた。このあたりの町名は魚町という。魚を商う店があったのだろうか。

古処山はまだ冬枯れていた。目鏡橋のベンチで数人の観光客が今年の桜の開花のことを話していた。杉の馬場の桜並木は一度ぜひ歩いてみたいとおもった。秋月は春を待ちわびているようだった。

飯田市《いいだ》（長野県）

格式のある
藩でないと赤門は
許可されなかったとか
桜丸御門（赤門）にて

父はぼくが三歳の時に病死した。戦争（太平洋戦争）が終った年の十月だった。

父親の記憶はほとんどない。大人になって、誰かの法事の席で姉たちが父親の話を持ち出した。ぼくもあれこれと問いかけられたが、答えが見つからなかった。そんな時、七歳上の一番下の姉が父を火葬した日のことを口にした。南房総市（千葉県）の病院で死んだ父は、海に近い松林の火葬場で荼毘《だび》に付されたらしい。

「ねえ、みんなで火葬場まで歩いたでしょう。遠くに海が見えて周りはまだ暗かったわね。わたし凄《すご》く寒かったわ。昇《のぼる》（ぼくの本名）はお母さんに手を引かれてよたよた歩いていたわ。その時うしろからトラックが来て通り過ぎていったの。トラックには薪《まき》がたくさん積んであったわ。その時わたしおもったの。きっとあの薪でお父さんを焼くんだわって」

ぼくは黙ってビールを飲んでいた。

大きくなるにつれ、親戚の人たちはよくぼくが父親に似てきたと言った。ぼくはそうおもわなかった。しいて言えば、身体恰好《かっこう》が似ていたのかもしれない。

父親は女のことで母を困らせたという。祖父を継いで建築家になった父は、建築家よりも画家になりたかったらしい。子供の頃から絵を描くことが好きだったぼくに、母は口を酸《す》っぱくして言った。

「お願いだから絵を描く人にだけはならないでくださいね」

父親の残した絵をぼくは子供の頃から見ていた。自分の父親の絵をこんな風に言うのは大いに憚《はばか》るが、世のなかにこんなに絵の上手《うま》い人がいるのかとおもえるような絵ばかりだった。父親の絵は、これは武者絵とでもいうのか、「川中島の合戦」で、上杉謙信が武田信玄に斬りかかる絵だとか、「平家物語」の那須与一《なすのよいち》が平家の小船に立てた扇の的《まと》に向けて矢を番《つが》えている絵だとか、そんな絵が多かった。

なかに、一枚変った絵があった。一人の侍が、吊《つる》された着物を前に酒の徳利《とっくり》を置き、寂しげに酒を呑んでいるといった光景だった。子供ながら妙に気になる絵であった。

そのことがわかったのは小学生になって読んだ、武内つなよしが描いた「少年忠臣蔵」という漫画からだった。武内つなよしといってもすぐにわかる人は少ないとおもうが、「赤胴鈴之助」の作者だといったら思い出してもらえるだろう。

余談になるが、武内つなよしは、大正十一（一九二二）年生れで、神奈川県横浜市出身の漫画家だ。本名は武内綱義という。「赤胴鈴之助」のもともとの作者は、「冒険王」（秋田書店）に「イガグリくん」を描いていた福井英一だった。その福井が、「少年画報」（少年画報社）に「赤胴鈴之助」の第一回を描いただけで急死、武内つなよしに引き継がれることになったのだ。当時まだ無名だった武内は期待に応え、「赤胴鈴之助」を育て上げた。まさに国民的漫画といっていいだろう。

当時、福井英一の大ファンだったぼくは、次号から「赤胴鈴之助」の連載がはじまるという予告の絵の切り抜きを今でも大切にしている。福井の死を知ったのは小学六年生の時だった。ぼくは校庭の銀杏《いちょう》の木の根っ子に腰を下して友人からその知せを聞いた。ショックだった。雨期で、空はどんよりと曇っていたことを今でも覚えている。

話をもどす。父の描いた、徳利を前にして酒を呑んでいる侍の名前は赤垣源蔵という。「忠臣蔵」の赤穂《あこう》浪士の一人で、彼は討ち入りの前日、暇乞《いとまご》いのため兄の家を訪ねるのだが生憎《あいにく》兄は留守をしており、赤垣は兄嫁に頼み、兄の羽織を出してもらい、それを前に酒を酌《く》み交《かわ》し、別れとしたというのだ。この逸話は今でも、赤垣源蔵の「徳利の別れ」として講談などでよく語られている。赤垣源蔵は宝蔵院流の槍の達人だったという。「少年忠臣蔵」を読んでから、ぼくはすっかり赤垣源蔵のファンになった。

長野県の最南端に飯田という城下町がある。JR飯田線のほぼ真んなかにある町で、東京からは極めて不便な位置だ。赤垣源蔵は、この飯田藩の藩士の子として生れている。いつか飯田に行ってみたい。ずっとそうおもっていた。

薫風《くんぷう》のそよぐ五月、ぼくは飯田への旅を決行し

た。今、飯田へは新宿から高速バスが出ている。早朝、ぼくはそれに乗った。バスは新緑の山々を左右に飯田へとひた走った。バスが山に迫ると木々のなかから鈴の音が聞えるようだった。

ＪＲ飯田駅には午前十一時を少し過ぎて着いた。飯田の町は雨に濡れていた。観光案内所で市街の地図をもらった。一緒にもらった江戸期の飯田城下の地図を見て、ふと面白いことに気づいた。Ｕ字型をした城下は、何処かニューヨークのマンハッタン島に似ていたのだ。Ｕ字の中心から上が城下町で、それはきれいな碁盤状になっている。下半分が城内のようだった。今のＪＲ飯田駅はちょうどマンハッタンのハーレムの位置にあり、飯田城跡はバッテリーパークに位置している。天竜川の支流である野底《のぞこ》川が東を、松川が西を流れているあたりも、イーストリバーとハドソン川をおもわせた。

前述したように、飯田は長野県の最南端に位置している。伊那《いな》盆地南部、下伊那地方の中心都市といっていい。東海道線に通じる飯田線の農山村の消費都市としての性格が強く、地理的には東海地方に近いため、江戸時代より名古屋、豊橋、浜松などとの交流が深い。市街地は天竜川とその支流松川の段丘上にあり、典型的な城下町だったが、昭和二十二（一九四七）年の大火で市街地の大部分が焼失している。

しかし復興後の市街地は整然と区画され、都市計画のモデルともされているらしい。現在、防火帯に植えられたリンゴ並木は全国的に有名だ。江戸時代からの水引き、元結《もとゆい》（髻《もとどり》を結ぶ細い緒。今は相撲の髷《まげ》などに使われている）、紬《つむぎ》、凍豆腐《しみどうふ》などの地場産業は今でも盛んだという。郷土の味では五平餅《ごへいもち》が人気だ。

飯田の地名が現れたのは、元応元（一三一九）年、近衛家領郡戸《ごうど》庄飯田郷の一部

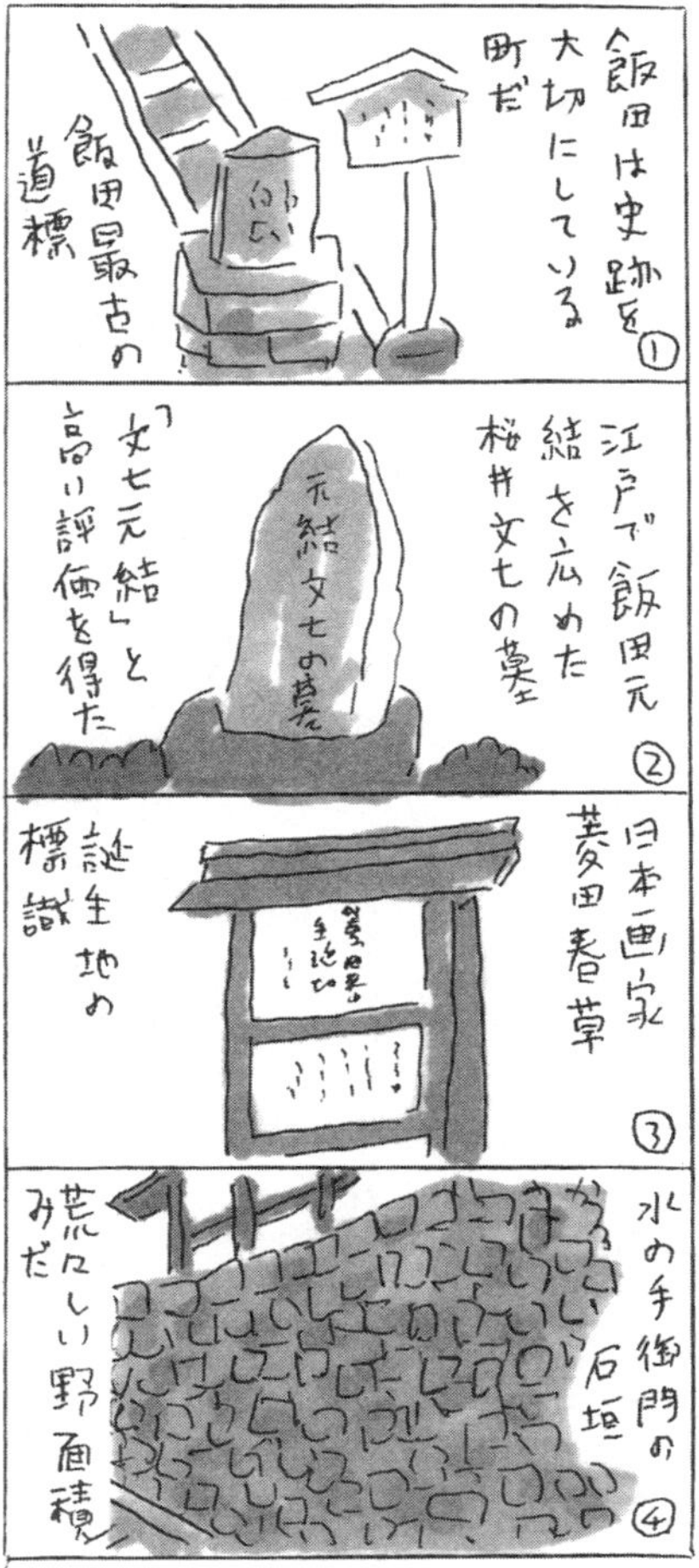
飯田は史跡を大切にしている町だ
①
飯田最古の道標
江戸で飯田元結を広めた桜井文七の墓
元結文七の墓
「文七元結」と高い評価を得た
②
日本画家菱田春草
誕生地の標識
③
水の手御門の石垣
荒々しい野面積みだ
④

を占めた地頭、坂西《ばんざい》氏が居館を構えたあたりからだという。武田、織田、徳川氏の進攻に伴う戦国の動乱のなかで、伊那郡支配の中心になっていく。

天正十八（一五九〇）年以後、毛利秀頼、京極高知《たかとも》の治世では十万石を承《うけたまわ》り、今の飯田の町の原型というか、城地、城下の整備が行われている。

毛利秀頼は、斯波義統《しばよしむね》（尾張守護）の暗殺事件後間もなく、織田信長の家臣、毛利河内として歴史の表舞台に登場してくる。また彼には暗殺された斯波義統の遺児だという説もある。桶狭間《おけはざま》の戦いで戦功があり、この頃は信長の赤母衣衆《あかほろ》にも抜擢されている。歴戦の武将で、武田氏の滅亡後、信長から南信濃の高遠城主に任命され伊那郡を与えられた。

天正十（一五八二）年、本能寺の変が勃発、信長が横死すると尾張に退き、以後は羽柴秀吉の家臣として仕えている。

小牧・長久手《ながくて》の戦い、九州征伐、小田原征伐でも戦功を挙げ、再び伊那郡の支配を任され飯田城主となった。はじめは七万石、太閤検地《たいこうけんち》後は十万石を知行され大名になった。

毛利秀頼は朝鮮出兵の陣中で没し、遺領は子の秀秋ではなく、高遠城の城主で、その時飯田城の城代を兼ねていた娘婿の京極高知に与えられている。十万石のうち、九万石が高知へ、秀秋へは一万石しか与えなかったらしい。理由としてはまだ秀秋が幼年だったことや、高知の姉の竜子（松丸殿）が秀吉の側室として寵愛《ちょうあい》されていたことなどが挙げられているが（多分そうだろう）、真意はわからない。

京極高知は、飯田城の規模を拡大し、土木に強い家臣の光増《ひかり》右衛門を奉行《ぶぎょう》にして城下町として石高にふさわしい都市計画を進めていった。

京極氏は、近江源氏として知られる佐々木氏の一族、いわゆる名門である。高知の兄、高次の夫人は常高院お初で、彼女は秀吉の側室淀殿の妹で、高次は当時大津城主だった。お初の妹はやがて二代将軍秀忠夫人になるお江《ごう》で、ＮＨＫ大河ドラマの主人公「江」である。

ついでにというわけではないが、父親の遺領のほとんどを京極高知に持っていかれた毛利秀秋という人物のことも書いておきたい。十万石の遺領のうち一万石しか得られなかった秀秋は、長じて関ヶ原の役では西軍に属し伏見城の攻撃に参加したため、戦後すべての所領を没収されてしまう。それでも諦めることなく、豊臣秀頼に出仕して五千石での知行を得、大坂の冬、夏の陣に豊臣方として参戦、慶長二十（一六一五）年五月、東軍の仙石忠政軍と戦い討死している。この自棄《やけ》っぱちというか、意地っ張りというか、ぼくはこんな男は嫌いではない。

徳川の時代になると、飯田城主として小笠原秀政が五万石で入り、秀政が松本へ移されると、飯田はしばらく幕府が管理、元和三（一六一七）年に脇坂《わきざか》安元が伊予大洲《おおず》から五万五千石で入城している。安元は、賤《しず》ヶ岳《たけ》七本槍の一人、脇坂安治の次男で、なかなか名君だったらしい。脇坂の治世が二代つづき、播磨《はりま》竜野へ国替えになると、下野烏山《しもつけからすやま》（現・栃木県那須烏山市）から堀親昌が飯田城主（二万石）として入城している。堀氏は十二代にわたり飯田を治め明治を迎えることになる。

小降りになったがまだ雨は降っている。地図を手に赤垣源蔵の誕生地へと歩いた。福島家という江戸期の武家屋敷が残っていて、彼の誕生地はすぐに見つかった。町名は殿町といい、標識には飯田藩主脇坂安元家、塩山弥治右衛門の次男として寛文九（一六六九）年に生れたと書かれていた。彼は藩主の国替えに伴い竜野に移り、後に浅野家家臣赤垣氏の養子になっている。一般には赤垣源蔵で知られているが、ほんとうは赤垣ではなく赤埴《あかばね》だという。赤埴源蔵重賢《しげかた》。彼は元禄十五（一七〇二）年十二月十四日の吉良《きら》邸討ち入り後、翌年の二月四日、芝高輪の細川邸で大石内蔵助らと共に切腹している。時に三十五歳、戒名は刃廣忠劒信士。

大横町を右折し、通り町を南へ下るとリンゴ並木に出た。さまざまな種類のリンゴが白い小さな花を咲かせている。秋のリンゴの収穫は土地の小学生が行うらしい。

世のなかの平和を象徴する光景。子供たちのリンゴの収穫もそんな一つだろう。NHKの人形劇「三国志」で使われた人形などを展示した「川本喜八郎人形美術館」から主税《ちから》町を南へ下り、銀座（地方の繁華街をいう銀座ではなく昔からの町名）から追手《おうて》町に出た。町名からでもぞくぞくするほど城下町の空気が伝わってくる。昭和四（一九二九）年の建物だという鉄筋三階建ての追手町小学校の通りを挟んで「赤門」がある。この門は正しくは「桜丸御門」という。赤く塗られた門は東京大学にある加賀藩の赤門（前田家の江戸屋敷の門）が有名だが、当時、門を赤く塗るのはそれなりの格式が必要だったらしい。たった二万石の飯田藩に赤門が許されたのは、十代堀親寚《ちかしげ》が将軍の御側《おそば》用人と老中格を兼ね、官位も従四位下の侍従に任じられていたからだろう。葉桜になっていたが、赤門近くに咲く桜丸の夫婦桜《めおとざくら》もいつか見たいとおもった。

　飯田城跡のなかでも、最も昔の面影を残しているという「水の手御門」の石垣を見て水の手橋へ

昔の家並みのつづく
仲之町あたり

と歩いた。石垣は急な水の手坂の両側にあって石組みは武骨な野面積《のづらづ》みだった。

水の手橋の架る松川は降った雨のためか力強い流れを見せていた。川面を眺めながらふと飯田市の北にある大平街道近くの「猿庫《さるくら》の泉」のことをおもった。この泉の水は、中央アルプス山系の花崗岩質《かこうがん》の岩間からの湧水で、昔から「今庫《いまくら》の泉」、「野世庫《やせご》の泉」と共に三庫の名水といわれている。茶の湯に適しており、飯田城主堀公も城内に数奇屋《すきや》を建て、毎朝家臣に馬を駆けさせ、この泉の水で茶を点《た》てたと伝えられている。

「おう、九兵衛、今朝はそちの当番か。猿庫の水、竹筒十五本じゃ、粗末にいたすでないぞ」

「殿、今朝は昨夜の雨も上りしゆえ、猿庫の水、一段と味わい深く湧きおろうかと存じまする」

まあこんな感じだったかもしれない。

ぼくも明日は猿庫の水を飲みに行こうとおもった。

十二代つづいた飯田藩堀氏だが、その財政は常に苦しかったらしい。おまけにこの藩は十一代親義《ちかよし》の時に、水戸藩武田耕雲斎率いる天狗党が領内に侵入する。留守を預る家臣たちはまったく弱腰で、と、いうか、すったもんだしているうちに天狗党をそのまま通過させてしまったのだ。結果、親義は講武所奉行を解任され、藩は二千石を減封されている（実際には減封はなかったらしい）。それでもこの殿様は、十二代から十五代までの徳川将軍に仕え、奏者番《そうじゃばん》や寺社奉行などの幕府の要職を務めている。すでに徳川家も人材が衰えてきていたのだろうか。

キンモクセイの植えられた通りを再び駅までもどった。疲れたので駅前の店で名

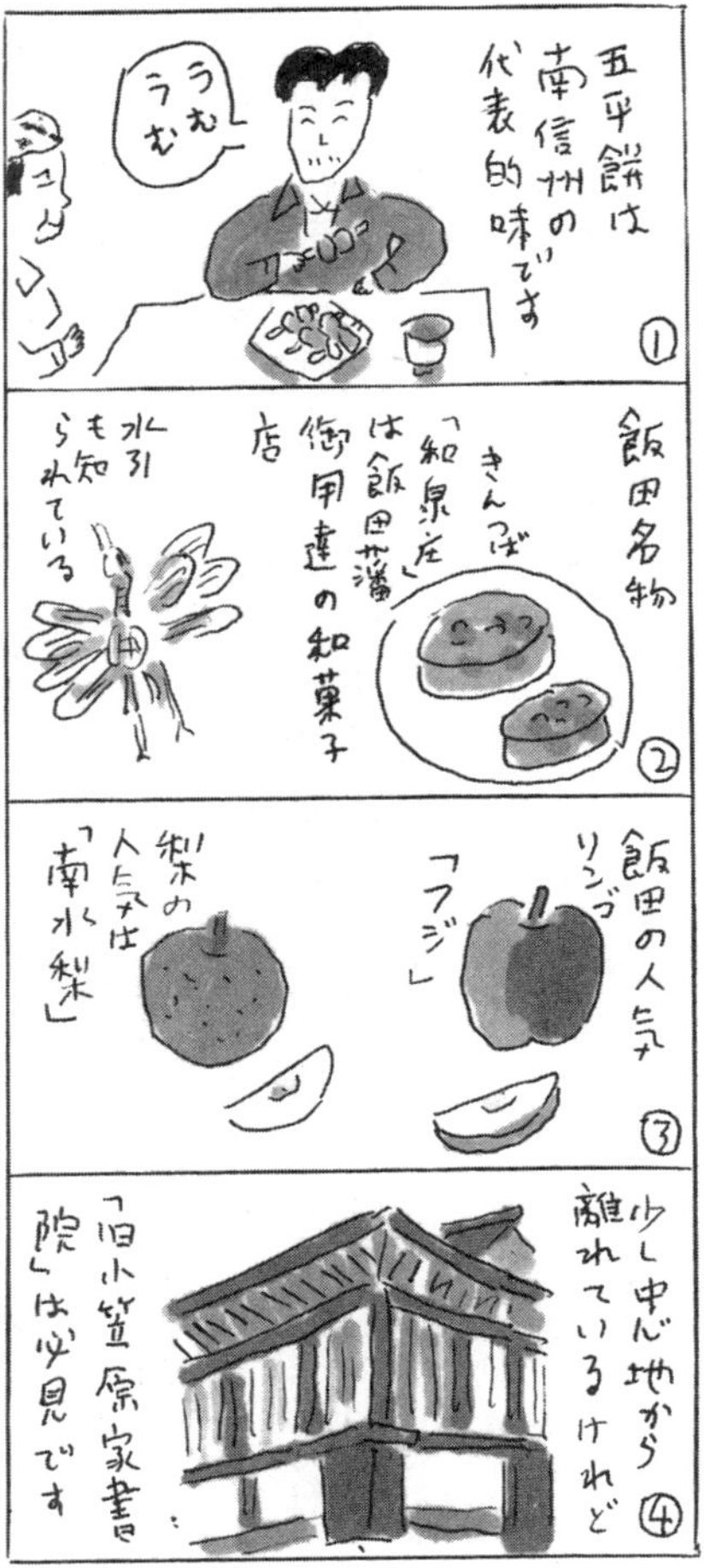
五平餅は南信州の代表的味です
うむ うむ
①
飯田名物
きんつば
「和泉庄」は飯田藩御用達の和菓子店
水引も知られている
②
飯田の人気リンゴ
「フジ」
梨の人気は
「南水梨」
③
少し中心地から離れているけれど
「旧小笠原家書院」は必見です
④

物の五平餅を食べ、お茶を飲んだ。

五平餅は御飯をまるめて串に刺し、それを炭火で焼き、クルミ、ゴマなどの入った味噌を塗った餅だ。「五平五合」、一人で五合もの御飯が食べられてしまうほど美味しいのでその名前で呼ばれているのだという。よくわからない。

駅前のタクシーで宿へと向った。途中、黒須家という武家屋敷や、明治期の日本画家、菱田春草の生家跡などを見た。飯田ゆかりには柳田國男や日夏耿之介《ひなつこうのすけ》といった文化人もいる。

宿に近い長姫《おさひめ》神社の前でタクシーを降りた。このあたりにかつて飯田城の本丸があったらしい。宿は本丸跡すぐの山伏丸跡にあった。

飯田城の形跡は今まったくない。それでも町名を楽しみ、碁盤状の通りを歩くだけで城下町の風情を感じることができる。この町は小さな史跡も大切にしている。そこかしこに立つ標識がそれを物語る。城下町の誇りが感じられた。

土浦《つちうら》市
（茨城県）

昭和十七（一九四二）年七月二十二日に生れている。そのおよそ一ヶ月半前、太平洋に浮かぶミッドウェー島を巡ってのアメリカ海軍との海戦で日本海軍は機動部隊の中核をなしていた主力空母四隻と艦載機を一挙に失い、以後太平洋戦争での主導権を失ったことはいうまでもなく、ひたすら敗戦への道を辿《たど》っていく。

　三歳になって二十四日後の昭和二十（一九四五）年八月十五日、日本は敗戦を迎えた。ぼくはアメリカ軍との死闘の真っただなかに生れたのだ。

　予科練というのは海軍飛行予科練

習生の略称だという。昭和五(一九三〇)年に創設された飛行搭乗員の養成制度で、当時の少年たちの憧れだったらしい。

この予科練に今でいえば校歌のような歌があって、題名は「若鷲の歌」といった。西条八十の作詞で作曲は古関裕而の黄金コンビだ。

若い血潮の予科練の
七つボタンは桜に錨
今日も飛ぶとぶ霞ヶ浦にゃ
でっかい希望の雲が湧く

一番はこんな歌詞だ。誰が教えたのか二、三歳のぼくはよく歌ったという。ところが「七つボタンは」とはなかなか言えず「七ちゅボタンは」になってしまい、これが家族に大いにうけたらしい。「七ちゅボタン」でみんな大笑いしていたのだろうが、ぼくにはほとんど記憶がない。

この歌の歌詞でもう一つ気になっていたのが「霞ヶ浦」という地名だった。大人になって霞ヶ浦の湖面を行く雄大で純白の帆の船の写真をよく目にしたが、なかなか霞ヶ浦へ出かける機会はなかった。今回土浦を歩いてみようとおもった大きな理由として、そこが霞ヶ浦に面した城下町だということがあった。

　土浦は茨城県南部の中心地で、また筑波山や霞ヶ浦への観光基地としての役目も果している。ここは、旧水戸街道の宿場でもあり城下町として発達してきた土地だ。土浦藩の土浦城は、桜川や霞ヶ浦からの水を引き、五重の堀を巡らせた形が水に浮かぶ亀のようなことから別名「亀城《きじょう》」などと呼ばれていた。この城は、平将門が砦《とりで》を築いたことがはじまりと伝えられている。


　JR上野駅からJR常磐線の特急に乗ると、一時間たらずでJR土浦駅に着いた。途中停《とま》った駅は「柏」だけで、二つ目が土浦ということになる。まず観光案内所で街の地図をいただき、霞ヶ浦の方へと歩いてみることにした。案内所でいただいた「土浦古絵図」は、ロンドンの地下鉄マップを越えるほど素晴しいものだった。手にした瞬間、街歩きが楽しみになった。この地図は土浦の快挙だ。

　土浦駅から霞ヶ浦へと歩いた。十分ほどでヨットハーバーに出た。湖面は静かだった。観光船の桟橋近くに水天宮があり、これは天保十一（一八四〇）年の十二月に、久留米二十一万石の城主有馬玄蕃頭《げんばのかみ》頼徳の三女竹姫が、土浦藩九万五千石の城主（十代）土屋寅直《ともなお》に輿入《こしい》れした際、護り本尊として久留米水天宮の分霊を奉持し祀ったものだという。当時は土屋邸内にあったらしい。

はじめて霞ヶ浦を眺めた。夏の風物詩といわれる帆曳船はまだ午前中のためか出ていなかった（七月二十一日から十月中旬まで、土、日、祝の午後に運航）。帆曳船の帆は高さ九メートル、幅一六メートルと巨大だ。霞ヶ浦周辺の人々は、帆曳船が湖面に現れることで夏の到来を感じるのだという。この湖は、面積二二〇平方キロメートルで、滋賀県の琵琶湖につぐ国内二位の広さを持つ淡水湖だ。

土浦市の南に隣接し、霞ヶ浦に面している阿見《あみ》町にあったのが冒頭に触れた、一般には予科練と呼ばれた海軍飛行予科練（霞ヶ浦海軍航空隊所属）だ。昭和五（一九三〇）年に誕生した予科練は、当時多くの海の荒鷲を輩出した。阿見町は海軍一色の町だったのだ。ここも一つの「兵どもが夢のあと」ということだろう。因みに霞ヶ浦海軍航空隊には、昭和四（一九二九）年にドイツの大飛行船ツェッペリン号が、同六（一九三一）年には、世界一周のアメリカのリンドバーグ夫妻が飛来して話題を呼んだという。

ＪＲ土浦駅へもどる。高架線の下にはインドカレーの店やアメリカのグッズを揃えたアンティーク店などがある。土浦駅前通りから旧川口川に沿って土浦城跡へと歩いた。この町はB29の空襲を浴びていないのか意外と古い建物が点在している。予科練などがあったためB29も近寄らなかったのかもしれない。

旧水戸街道に面して古い蔵が並んでいる。琴平神社の脇から城跡の外堀に架った橋を渡り旧前川口門へ出る。このあたりは歴史の小径と呼ばれている。

ひどく暑かった。内堀の水面に城の石垣が浮かんでいた。櫓門《やぐらもん》から入ると、かつて本丸があったらしい広場があって、右端に東櫓と霞門、左端に西櫓が見えた。東櫓と西櫓の白壁が東北の地震のためか剝がれ落ちていた。剝出《むきだ》しになった土色の壁が痛々しかった。木陰のベンチに腰を下しぼんやりとした。人影もなく、しきりと蟬が鳴いていた。

戦国期の土浦は戦国大名である小田氏が領有していた。小田氏が滅びると徳川家康の次子結城《ゆうき》秀康が入り、慶長五（一六〇〇）年の関ヶ原の戦いの後、秀康が越前福井藩に移封され、代って譜代

の松平信一《のぶかず》が三万五千石で入り、ここで土浦藩が成立する。その後、信一の養子である信吉が入るが、間もなく上野国高崎へと転封《てんぽう》になる。信吉は水戸街道を組み込んだ南門、西門、北門の城下を建築中だったらしい。

松平信吉の後に、上野国白井より西尾忠永が大坂の陣の功績により二万石で入るが、二代目の西尾忠照の時、駿河国田中へと移封《いほう》となる。西尾氏の時代にも土浦城の建築は進められており、領内検地も行われている。

江戸期の小大名は人事異動が激しい。西尾氏の後に下野鹿沼から朽木《くつき》稙綱《たねつな》が三万石で入ってくるが、その子稙昌《たねまさ》の時、丹波福知山へと移封となる。

この朽木氏は近江源氏佐々木氏の支流で、つまり名門だ。戦国期、近江朽木谷（滋賀県高島市）を本拠としていた朽木元綱は、関ヶ原の合戦の際西軍（石田三成方）に味方した。優柔不断な男だったらしく、自分の意志というより、周囲の大名が石田方に付くので何となくそうなってしまったのだろう。彼はわずか二万石の小大名だったのだ。

しかし、戦況は東軍勝利に傾いていく。はじめ西軍に属していた大名もつぎつぎと東軍に寝返る。

「まずいぞ、何とかしなくちゃ」

結局元綱も東軍へと寝返ることになる。何とか本領は安堵されることになったらしいが、戦中に寝返った元綱のことを家康はこんな風に言っている。

「元綱ごとき、いてもいなくとも大したことはない」

土浦藩に入った朽木氏はもちろん元綱の子孫になるが、この朽木氏の本家は朽木谷の領主として明治維新までつづき、下野鹿沼から土浦に入った稙綱（元綱の三

男）は徳川家光に認められて出世し、子孫は丹波福知山三万二千石の大名として明治維新を迎えている。

朽木元綱は、織田信長の朝倉義景《よしかげ》征伐の際、突然妹婿の浅井長政が朝倉方に味方したことによって京都へ退却する「金ヶ崎の退き口」では重要な役割で登場している。このあたりに興味がおありの方は、「しぶとい戦国武将伝」（外川淳著、河出書房新社刊）をお勧めしたい。

再び土浦藩だが、朽木氏の後に若年寄から老中に出世した土屋数直が一万石で入る。数直の所領はやがて四万五千石となっていく。

数直の死後の二代藩主土屋政直の時、駿河田中藩へ移封、その後に入ってきたのが「知恵伊豆」で知られる松平信綱の五男信興だ（二万二千石）。しかし信興は短期間在城しただけで摂津へ移っていく。理由は、信興が大坂城代に任じられたためだ。そしてその後再び土屋政直が駿河田中より今度は六万五千石でもどることになり、以後土屋氏は十代土浦支配をつづけ明治に至るのである。土屋政直は、徳川綱吉、家宣、家継、吉宗の四代にわたり老中を務め、所領も六万五千石から九万五千石まで増大させている。なかなか優れた人物であったらしい。

土浦藩最後の藩主土屋氏についてはどうしても書いておきたい人物がいる。「片手千人斬り」で歴史にその名前を残した土屋惣蔵昌恒《まさつね》のことだ。

そもそも土屋氏は、桓武平氏の中村氏から起っている。相模《さがみ》の国大住《おおすみ》郡土屋村の中村荘司宗平の子宗遠が土屋弥三郎と称したのがはじまりらしい。これとは別に足利氏の一族に一色氏という一族があり、そのなかの一色満範の弟範貞を祖としている。範貞の曾孫一色藤次が甲斐に下って、武田氏の支流金丸氏の家名を継いだ。藤次の二代後に金丸虎義があり、長男は何が理由か殺害されており次弟昌次が嗣子《しし》になった。昌次は川中島の合戦で功を挙げ、武田信玄より土屋姓を与えられた。昌次は長篠の合戦で討死する。

昌次の弟昌詮《まさのり》は秋山伯耆守《ほうきのかみ》信友の養子になり、次が昌義、そしてこれから触れたいのがその弟惣蔵昌恒のことだ。

金丸惣蔵の初陣は十三歳だという。彼の戦さ振りに惚れ込んだのが武田水軍の将岡部忠兵衛貞綱で、養子にと信玄に望んだらしい。貞綱はこの養子縁組を機に信玄によって土屋姓に改姓している。

剣客の
島田虎之助
も教えて
いたとい
う郁文館
の正門

惣蔵の名が今も伝えられるのは、織田・徳川連合軍に敗れた武田勝頼一族が、天《てん》目山《もくざん》へ落ちていく時のことだ。惣蔵昌恒は武田勝頼の殿《しんがり》軍を引き受け、道幅の最も狭まったところで織田軍を待ち受ける。崖底には日川が流れている。惣蔵は岩に垂れる藤蔓《ふじづる》を片手で摑み、片手の太刀で寄せてくる敵を斬りまくり、崖底に蹴落したというから凄まじい。日川の流れは惣蔵が斬った敵の血で三日間も赤く染まったと伝えられ、そのため「三日血川」などという呼称も生れたらしい。やがて天目山の陣にもどった惣蔵は、勝頼らと共に自決している。

敗け戦さとなると、多くの将が離反していくなか、最後まで主君と行動を共にした惣蔵の見事な死に様といえるだろう。彼は二十七歳だった。

土屋惣蔵昌恒には男子が一人あった。武田氏滅亡の折りは四歳だった。彼は与力の小脇又市と武藤左門に守られ落ちることになる。やがて二人の与力は遺子に父親と同じ惣蔵を名のらせ清見寺という寺に預ける。その惣蔵が九歳になった時、一つの運命の出合いが訪れる。天正十六（一五八八）年のことだ。

家康は鷹狩りの帰りたまたま清見寺に立ち寄り、惣蔵を見かけ声をかけた（一説には惣蔵が家康にお茶を出したことからともいう）。家康は惣蔵が片手斬りの土屋惣蔵昌恒の遺児だと知り、駿府に連れ帰って秀忠に会わせたうえ側室の阿茶《あちゃ》の局《つぼね》の養子とし、土屋平三郎忠直と名のらせる。やがて忠直は、上総《かずさ》久留里《くるり》二万一千石の大名へと出世していく。

土浦藩初代藩主土屋数直は、土屋忠直の次男ということになる。

それにしても徳川家康という人物はよほど武田氏が好きらしい。武田騎馬軍の赤備えを、家臣である井伊家へ伝承させたり、武田の遺臣を多く仕官させ、江戸の西

部国境警備隊ともいえる八王子千人同心を組織させている。

　土浦城跡を出て城周辺をぶらぶらと歩く。耳の奥で樹齢五百年を越えるというシイの枝から降りそそぐ蟬の声がざわめいていた。市立博物館に入ったり、今も残る土浦藩の藩校「郁文館《いくぶんかん》」の正門などを見た。郁文館の名は七代藩主土屋英直《ひでなお》が付けたという。はじめは城内にあったらしいが、天保十（一八三九）年に十代藩主土屋寅直が新築してこの場所に移した。一名文武館ともいい、文館と武館に分れており、文館では学者として知られる藤森弘庵、武館では勝海舟の剣の師でもあった島田虎之助らが指導に当っていたらしい。何ごとであれ先生は大切である。

　旧前川口門から歴史の小径を歩く。城下町らしい喰い違いの道が多い。土浦まちかど蔵「大徳」も「野村」も、今までよくぞ残っていたとおもえる重厚さを見せている。料亭「霞月楼《かげつろう》」は創業明治二十二（一八八九）年だという。山本五十六やリンドバーグ夫妻、吉田茂首相も訪れたらしい。

　お昼を大分すぎていたので、土浦まちかど蔵近くにあった古めかしい天麩羅屋で搔き揚げ定食を食べた。特上を頼んだところピッツアのような大きな搔き揚げが出てきて困った。どうやら特上は味ではなく大きさのようだった。ぼくの胃袋は極めて小さいのだ。

タクシーが来たので真鍋宿通りへと走ってもらった。真鍋宿通りは今なお古い通りが保存されており、当時の宿場の雰囲気を色濃く残している。傾いた陽ざしが古い建物の下に黒々と影を落していた。影の下を旧制土浦中学校本館まで歩いた。本館は、現在の県立土浦第一高等学校の校内にあって、明治三十七（一九〇四）年の建築だという。美しいゴシック様式を見せている。主屋正面の中央玄関に三連のアーチを設け、配された飾り破風がいい味を出していた。設計者は茨城県の技師駒杵《こまきね》勤治《きんじ》で、施工は石井権蔵だったという。駒杵勤治は東京駅などを設計した辰野金吾の弟子で、この建物を設計した時は二十六歳だというからなかなかの才能といえるだろう。

土浦は東京から近い。こんな近くに見どころのある城下町があることがうれしい。今回はまわれなかったが、今度は前野家や冨岡家といった古い民家も見てみたいとおもった。十月に開かれるという土浦全国花火競技大会では、各地で花火大会を終えた花火職人が、翌年の新作花火を持ちより競い合うらしい。二万発打ち上げるというから想像がつかない。

帰りのJR常磐線に乗った。民家の間から灰色の富士山が見えた。

壬生町《みぶまち》（栃木県）

公園入口の門にて

高校生の時トリイという友人がいた。ぼくは高校三年で、東京の私立高校から別の私立高校へと転校している。理由は転校した高校が、進学したい大学の附属だったからだ。私立から私立への転校は規則として難しいと聞いていたが、転校前の高校の成績がそこそこだったこともあり、受け入れる側も、自分の学校から一人でも多く大学合格者を出したいという狙いがあったのだろう。

転校初日、よく映画やTVドラマなどに出てくるように教壇に立って紹介され、指さされて着いた席の隣りがトリイだった。絵を描くのが好きで、そんな共通点からすぐに親しくなった。彼は特に似顔絵がうまかった。因みにぼくは似顔絵が苦手だ。

トリイの家は北区の十条で「鍋や」という大衆食堂を経営していた。彼には兄と姉がおり、店は身体の大きい兄が仕切っていた。時々遊びに行ったが、「鍋や」のチャーハンは美味しかった。

トリイとのつき合いはお互い社会人になってもつづいた。彼が詐欺罪で捕まったということは、二年ほど暮したニューヨークから帰国した年に知った。偶然銀座で出合った、ぼくたちを知る高校時代のクラスメイトからの情報だった。トリイの詐欺罪は、何と結婚詐欺だというので驚かされた。

「F刑務所に入ってるらしいよ」

「何年くらい入ってるんだろう」

「それはわかんないけど、何でも三十半ばくらいの女三人から結婚を餌に金を巻き上げていたらしいんだ」

「彼ってそんなことができる奴なんだ」

「聞いた話だと、自分は鳥居元忠の直系の子孫だとか言ってたらしいよ」

「鳥居元忠って、あの関ヶ原の前哨戦の伏見城で戦死した?」

「そういうこと」

「また渋い人物を出したもんだね」

「女でも結構歴史好きっているんだね。そんなことで信用しちゃう女がね」

「先祖が三河武士の鑑《かがみ》といわれた鳥居元忠だったら、もしかしてね」

トリイについてぼくたちは近くのコーヒーショップでそんな会話をした。今でこそ歴史好きの女性を歴女などと呼んでいるが、当時まだそんな言葉はなかった。

ぼくはF刑務所に面会に行くことも考えたが、結局行くこともなくトリイとのつき合いは消滅した。今、彼が何処で何をしているかはまったくわからない。念のために書くが、これはほんとうの話だ。

二〇一二年の正月だったとおもう。ぼくは足利市にある光得《こうとく》寺の厨子《ずし》入木造大日如来座像について調べることがあって、「栃木県の歴史散歩」という本をめくっていた。ぺらぺらとやっていると「壬生」という地名に目が止った。壬生といってすぐにうかぶのが「壬生浪」と恐れられた新選組のことだ。壬生といったらてっきり京都だとおもっていたので、栃木県にも壬生という土地があるのかとよく読んでみると、そこは壬生藩の城下町で、最後の藩主は鳥居氏だというので引き込まれた。鳥居氏は、鳥居彦右衛門元忠を祖としており、最後の藩主は十二代鳥居丹波守忠宝《ただとみ》となっている。ずっと忘れていたトリイのことを思い出すと同時に、壬生城跡を見たいとおもった。

夏の盛りだった。ぼくは東京駅から東北新幹線で宇都宮駅へ出た。壬生へは、二キロほど離れた東武宇都宮駅から向うことになる。タクシーを東武宇都宮駅へと走らせた。東武宇都宮線の壬生駅には午前九時過ぎに着いた。駅前の案内地図を見ながら手帳にポイントをメモした。ひどく暑かった。

駅前をまっすぐ歩くと県道一八号線に出る。ここは旧日光街道で蘭学通りなどと呼ばれている。壬生藩は医学の盛んな街で、そんなところから付いた通りの名前だろう。特に蘭学を重視し、学問の振興と人材の登用を進めたのは壬生藩鳥居氏六代藩主鳥居忠挙《ただひら》だったという。

「太田胃散」という胃薬は今でも評判がいい。この薬を製造したのは、壬生藩の郡奉行の子として

生れた太田信義だ。壬生藩校（学習館）に学び、藩校の師太田熊山《ゆうざん》の養子になった。藩士としては槍術師範を務めるかたわら江戸に派遣され諸藩と交流を図った。維新後彼は明治政府に仕えたがやがて商業の道へ入り、日本橋で出版業をはじめる。この転身が胃の持病を悪化させ、大阪出張中に緒方拙斎《せっさい》の投薬で完治したことから、その処方を学び胃腸薬として製造した。これが「太田胃散」である。「いい薬です」ということだろう。それにしても、昔から出版業は胃に悪かったのだ。

　蘭学通りを歩いた。興光寺の手前の古い民家風の商店を左折すると壬生城跡への通りになる。興光寺は、徳川三代将軍家光の遺骸を日光輪王寺大猷院廟《たいゆういんびょう》へ葬送する途中に宿泊させた寺だという。

　壬生城跡の前に立つ。現在は公園となっている。かつて本丸部分は約一四〇メートル四方の平城だったというが、今は本丸南側に堀と土塁を残すのみだ。

　壬生氏は、室町時代に京都の地下《じげ》官人《かんにん》、壬生家から出た壬生胤業《たねなり》を祖としている。胤業は公家でありながら武芸を好んだ男だったといい、都から地方へと転々とした結果、寛正三（一四六二）年下野国（今の栃木県）で壬生氏を興した。何が理由で下野国に定着したのか、なかなか興味深い男だ。壬生城は、文明年間（一四六九—八七）に、胤業の子、綱重によって築かれている。壬生氏は紆余曲折の後、五代目となる義雄が北条氏に味方したため、豊臣秀吉の小田原征伐によって滅んだ。

　壬生は壬生氏滅亡後は結城秀康の結城藩の支配下に置かれた。しかし関ヶ原の戦い後、秀康が越前福井藩に加増移封され、信濃国高島藩から日根野吉明が一万九百石で入り、壬生藩を立藩する。

　その後藩主は目まぐるしく入れ替る。日根野家の後は阿部家（二万五千石）、さ

らに三浦家（二万五千石）、松平家（三万二千石）、加藤家（二万五千石）とつづき、正徳二（一七一二）年、近江国水口より若年寄だった鳥居伊賀守忠英《ただてる》が三万石で入ることになる。壬生藩鳥居氏の初代藩主になった忠英は冒頭にもちょっと触れた鳥居元忠を祖としている。忠英は元忠から数えて六代目になる。因みに壬生藩の鳥居氏は十二代忠宝の時、明治維新を迎えている。

壬生藩鳥居氏の初代忠英はなかなかの名君だったらしい。殖産興業政策を奨励し、なかでも旧領である近江から干瓢《かんぴょう》の栽培を伝えたことはよく知られている。今でも栃木県は干瓢の国内生産の九割以上を出荷しているのだという。干瓢は壬生の誇りなのだ。また忠英は教育にも熱心で、藩校である学習館を創設している。

それにしても、殿様と干瓢の組み合わせが何とものどかだ。この殿様は干瓢が好物だったのだろうか。

「寿司の干瓢巻き、江戸っ子の食いものにしちゃ不味《まず》いね」

何かで読んだか聞いたかした立川談志師匠の言葉だ。ちょっとわからないでもない。

壬生城跡を歩いた。前述したように今は公園になっている。正式に書くと「城址公園」となる。堀に架る木橋を渡ると右手に「壬生領榜示杭《ぼうじぐい》」の石標がある。正面には「従是南《これよりみなみ》壬生領」、側面には「下野国都賀郡　家中村」と刻まれている。またその奥まったところに吾妻岩屋古墳の「玄門」がある。亡骸《なきがら》を埋葬する石室の入口部分だという。

　公園内の中央には大きな噴水があったが水は出ていなかった。ひどく暑い日だっただけに、せめてもの噴水は欲しかった。

　城址公園内を西へと歩くと精忠《せいちゅう》神社がある。ここには鳥居家の祖といわれる鳥居元忠が祀られており、宝物蔵にはその遺品が納められているという。

　鳥居元忠は、当時竹千代といった家康が今川家の人質として預けられた時から臣従していた。家康より三歳年長ということもあり、家康の生涯にあった大小すべての合戦に参戦している。その集大成が関ヶ原の戦いの前哨戦である伏見城の戦い（慶長五年＝一六〇〇年）だ。わずか八百人の兵を指揮し、石田三成率いる数万の敵と渡り合い壮絶な討死（自害）を遂げている。元忠は「三河武士の鑑」と称えられた。精忠神社の社殿の裏手には、元忠が自害した時の畳を埋めたと伝えられている「畳塚」がある。

　因みに血まみれた伏見城の床板は「血天井」として京都市の養源院をはじめ、宝泉院、正伝寺、源光庵、宇治市の興聖寺に残されている。ぼくは養源院のみ見ているが、言われてみなければよくわからない。ここには江戸時代初期の画家、俵屋宗達の作品「松図」と「異獣図」があることでよく知られている。

再び蘭学通りへ出てタクシーに乗るため壬生駅へと歩いた。ところどころに古めかしい民家はあるが、これといって城下町らしい風情はない。ただ通りに枡形《ますがた》が多く、そのあたりに城下町の名残りが感じられた。駅近くの食材店の店頭で、つい干瓢を一袋買ってしまった。料理は好きだが、干瓢を扱った経験はまだない。

タクシーでまず向ったのは壬生寺だった。この寺は慈覚《じかく》大師円仁《えんにん》の生誕地と伝えられている。実は円仁生誕地の伝承を持つところは、もう一つ、岩舟町下津原にもあるらしい。壬生寺は大正五（一九一六）年に創建されており、それまでこの地には台林寺があった（現在は小山市に移転）。円仁は七九四年、壬生氏の子としてこの地に生れている。境内には産湯《うぶゆ》を使ったという井戸や天然記念物の大銀杏《おおいちょう》などがある。

円仁は唐に渡って（八三八年）仏教を学び、天台宗の基礎をかためた後、比叡山延暦寺の第三代座主（一番位の高い僧侶）になっている。死後、日本ではじめて天皇より慈覚大師の称号を贈られた（八六六年）人物である。円仁が唐に渡った時に書いた記録「入唐求法巡礼行記《にっとうぐほうじゅんれいこうき》」は、「西遊記」で知られる玄奘《げんじょう》三蔵の「大唐西域記」、マルコ・ポーロの「東方見聞録」と共に、アジアの三大旅行記の一つといわれている。

　壬生寺を出たぼくは、今回の旅で一番気にかかっていた「金売り吉次《きちじ》の墓」へと向った。タクシーは国道三五二号線沿いにあるコンビニの駐車場へと入った。運転手が指さす「金売り吉次の墓」は、浅黄《あさぎ》色の稲穂が風にうねる田んぼのなかにあった。

　金売り吉次。この呼称がいい。源平ものの書物や映画などには必ず登場する謎の人物だ。ぼくは義経には興味はないが、金売り吉次や木曾義仲は好きだ。

　金売り吉次は、平治の乱の後、遮那王と名のり京都の鞍馬山で仏道修行に励んでいた牛若丸（後の源九郎義経）を奥州の藤原秀衡《ひでひら》のもとへ連れていった人物だ。実在したかどうかも不明だが、興味のある方には「義経」（司馬遼太郎著、文春文庫）などをお勧めしたい。義経に関する書物は多

田んぼのなかに
ぽつんとある
金売り吉次の墓
屋根は
赤いトタン
屋根だった

いので、ネットなどで検索されるのもいい。必ずこの金売り吉次が出てくるはずである。

日本には（おそらく世界でも）謎の人物は多い。そんななか、特に金売り吉次の生涯は謎に包まれている。生没も不明だし、吉次の屋敷跡とされる場所が全国にある。なかでも信憑性の高い場所が、宮城県栗原市金成《かんなり》の金田八幡神社と京都市の西陣五辻通の南、桜井の辻にある首途《かどで》八幡神社だという。

金成の金田八幡神社は平泉の玄関口にある。地元ではこのあたりを東館《とうだて》と呼んでいるらしい。この社《やしろ》に伝わる文書によると、炭焼きから長者を名のった炭焼き藤太と呼ばれる吉次の両親が熊野の神に祈ったところ、母の夢枕に神が現れ、三つの紅色の橘《みかん》をくれたという。間もなく母親は懐妊し、三人の男子を生んだ。その長男が橘次（吉次）、次男は橘内、三男は橘六といった。ますます謎めいてくる。もう一つの京都での吉次の屋敷跡である首途八幡神社だが、この社の首途の名の由来は、元服前の牛若丸が、ここから吉次に連れられて奥州に向ったという、つまり門出からきているらしい。

吉次のバックには奥州の黄金伝説が横たわっているという説もある。宮城県の涌《わく》谷町《やちょう》に黄金山《こがねやま》神社という神社がある。天平二十一（七四九）年、この地に日本で最

初の金が産出された。聖武天皇（七〇一—七五六）の時代だという。天皇はこの金により東大寺に巨大な盧《る》舎那《しゃな》仏《ぶつ》を建立している。奥州の地はゴールドラッシュに沸《わ》いていたのだ。

吉次は、頼朝に追われた義経が平泉に逃れる時、供をしてこの地（壬生町稲葉地区）まで来たが病に倒れたのだという。吉次の墓の近くには彼の守護仏だったという観音を祀ったお堂もある。

金売り吉次は、実は義経の家臣である堀弥太郎景光の前身だという説もあるが定かではない。

江戸時代、「おくのほそ道」で知られる松尾芭蕉に随行した曾良《そら》の日記に、こんなことが書かれている。

——壬生ヨリ楡木《にれき》へ二リミフヨリ半道ハカリ行テ吉次カ塚右ノ方二十間ハカリ畠中ニ有

吉次の墓に手を合わせ、さらにタクシーで、壬生胤業ゆかりの雄琴《おこと》神社や、壬生鳥居家の菩提所（常楽寺）を廻った。時刻は午後の三時になっていた。ひどく暑く、ぼくは空腹だった。

壬生の街のレストランはどこも準備中になっていた。ぼくは栃木まで足を延してみることにした。東武宇都宮線の壬生駅から三つ目が新栃木駅になる。

栃木は蔵の街だ。蔵が多いのは、そこが豊かな街だったということだろう。

星宮神社を過ぎ、蔵の街大通りへと入った。古い蔵が多い。いくつか信号を過ぎ右折すると郷土参考館があり、巴波《うずま》川に架る幸来《こうらい》橋に出た。川に沿って蔵がつづき、その影が川面でゆれている。

古い蔵を利用したレストランがあったので入った。ようやく何かが食べられるとおもった。ポークカレーを注文すると、もうそれは売り切れで、干瓢カレーならあるという。注文した。

生れてはじめて干瓢のカレーを食べた。シャキシャキと歯切れがよく美味しかった。干瓢もなかなかだなとおもった。

米子《よなご》市（鳥取県）

米子城への上り口に
移築されている
旧小原家長屋門
（米子市指定有形文化財）

民芸と聞いてまずうかぶのは柳宗《やなぎむね》悦《よし》の名前だろう。無名の職人たちの手による日常雑器のなかに、かつて誰も見出さなかった美を捉えた柳の思考により日本の民芸運動ははじまっている。ぼくは柳の民芸に関するエッセイを集めた「民藝四十年」（岩波文庫）を愛読しており、そのなかにある「利休と私」という項は痛快だ。柳は、利休が自刃した当時の人の日記を繙《ひもと》き、利休はまいすであったと切り捨てている。まいすとは「売僧」のことで、利休は自分の地位を利用して、しばしば賄賂を取ったり、道具の売買の上前をはねた

りしていたというのだ。さらに彼の筆は小堀遠州《こぼりえんしゅう》にも及び、こんなことを書いている。引用する。

——率直にいって、遠州の如きは歯牙《しが》にかけるほどのものでさえないと思われてならぬ。今日遠州流と呼ばれるものは茶道にも華道にもあるし、遠州好みといわれる品々が数々残る。だが、それらのものはいずれも趣味の過剰が目立って、美の本道からは遠いものだといってよい。下品なところはないまでも、早くも堕落を想わせるものが多い。茶道は功罪相半《なか》ばしていると考えられるが、その罪過の方はいわゆる遠州好みに由来するものがどんなに多いことか。中にはいやみで、きざで、わざとらしく、鼻持ちのならぬものさえある。

ぼくも遠州に関して常々感じていたことだけに、妙に感動してしまった。

そんな柳宗悦を中心とした民芸運動グループの三羽ガラスといえる仲間に、濱田庄司、河井寛次郎、バーナード・リーチがいる。柳宗悦を中心にしたこの三人の写真はよく見ることがある。それぞれ優れた陶芸家であることはまったく否定しないが、無銘の雑器の美を問いつづけた柳の思考とは少し（もしかしたら大きく）矛盾を感じている。この三名の製品は実に高価だ。

よく民芸店などで器を買ったりする。例えば気に入ったものがあって、それが六千円だとしても、作り手が濱田庄司や河井寛次郎となると、同じようなものでも、六十万はするのだ。使い勝手を良しとする民芸品を高価なものにしたのは、民芸運動を推し進めたグループだということになるのではないだろうか。

そんななか、一人地道に民芸を指導した人物がいる。鳥取市で耳鼻咽喉科の医師をしていた吉田璋也《しょうや》だ。彼は山陰の陶芸家や染色家、木工家が、奇妙な芸術性に傾いていくことを戒《いまし》め、民芸としての作品作りを的確に指導している。陶器や木工品を作っても売れなければ作り手は困るわけで、鳥取駅近くに「たくみ工芸店」という民芸店を開店させ、流通を図っている。現在、「たくみ工芸店」の右隣りに山陰の民芸品を展示した「鳥取民藝美術館」があるが、これも吉田璋也の尽力によって開館している。

ぼくが鳥取という土地に興味を持ったのは、東京は銀座八丁目にある「銀座たくみ」(昭和八年に、鳥取の「たくみ」の成功を受け開店している。取締役社長は志賀直哉の甥志賀直邦氏)で鳥取の民芸家具を目にしたことがはじまりだ。鳥取といったら、まず砂丘とくるところだが、ぼくは辰巳木工で作っているという肘掛椅子だった。「銀座たくみ」で見た瞬間に心を奪われた。どうしても欲しく、新入社員のなけなしの金を叩《はた》いて購入した。今でも愛用しているこの椅子も、吉田璋也がデザインしたものだとあとで知った。四十五年も使っている椅子は当然古くなっているが、その古くなり方も気に入っている。

吉田璋也の素晴しさは、さまざまな民芸の指導に留まらず、鳥取城跡や鳥取砂丘、湖山池、仁風閣《じんぷうかく》（明治四十年に元鳥取藩主池田家別邸として建てられている）の保存などにも力を注いでいることだ。たった一人の吉田璋也という人物の情熱が、多くの鳥取の文化を支えつづけたといっていい。今、民芸の人気は注目されているというが、吉田璋也を知る人にぼくはほとんど出合わない。

そんな吉田璋也の指導した民芸が好きで、ぼくはよく鳥取へ行く。東京から電車で行くとなるとかなりの時間を要するが、飛行機で行けば日帰りもできる。

鳥取県にはいい温泉が多い。JR鳥取駅周辺がすでに温泉地で、その他にも倉吉から近い三朝《みささ》温泉などはよく知られている。それに鳥取市そのものが城下町だ。戦国末期、中国攻略の一環として

水手御門跡近くに
残る石垣（米子城跡にて）

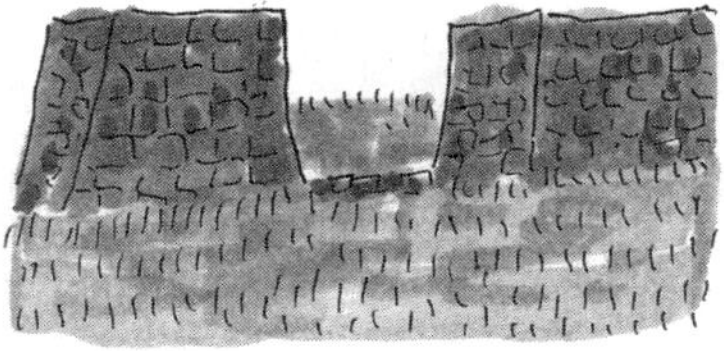

羽柴秀吉が攻めた鳥取城の悲劇は凄惨だ。籠城していた兵たちは餓死寸前まで追いつめられ、城を守っていた毛利方の部将吉川経家《きっかわつねいえ》の自決を以て落城している。秀吉はこの戦いを「鳥取の渇殺《かつえごろし》」と言ったという。現在鳥取城跡近くに、城を守って徹底抗戦した吉川経家の銅像が建っている。鳥取城の石垣はとても美しい。ぼくは来鳥する度にこの石垣へ上り、しばしぼんやり過している。

鳥取には二つの空港があり、行く時は鳥取空港から市内に入るが、帰りは日本海に沿って下り、米子空港から帰京している。米子の町を歩いていつも気になっていたのが町の何処からでも見える米子城跡の石垣だった。いつかこの町をゆっくり歩いてみたいとおもっていたのだが、なかなかチャンスがなかった。

城下町米子への旅を決行したのは二〇一一年十月末のことだった。ぼくはいつものコースでJR米子駅に降りた。因みに米子駅から弓ヶ浜（弓浜絣《がすり》が知られている）半島を約一八キロ走るそれは、鳥取県で最初（一九〇二年）に開通したローカル線境線だという。終点は境港《さかいみなと》で、ここは今やブームの漫画家水木しげる氏の誕生地で、「水木しげるロード」などができ、観光客を呼んでいる。

とにかく米子城跡に一度上ってみたく、鳥取在住の知人にあれこれ尋ねたが、返事は意外とつれなかった。

「何もありませんよ。ただ荒れ果てているだけです。草茫々《ぼうぼう》です」

ぼくは、それはそれでまた何か趣きがあるだろうとおもった。米子城跡へと歩くことにした。

米子市は鳥取県の西端に位置している。商工、また観光都市でもある。新旧加茂川が市街地の中央を流れ中海に注いでいる。加茂川の河口は深浦港だ。また山陰第

二の大河である日野川が南北に流れて日本海に注ぎ、その流域は肥沃な穀倉平野を形成している。米子の地名はここからきているともいわれている。

美保湾と静かな中海を抱いた米子は、鎌倉時代までは小さな一漁村だったという。しかし水陸交通の要衝《ようしょう》であり、しかも豊かな田野を持っていたため、戦国期から、塩谷氏《えんや》（『太平記』や『仮名手本忠臣蔵《かなでほんちゅうしんぐら》』に名前が出てくる）、山名氏《やまな》、尼子氏《あまご》、毛利氏などがこの地を巡って烈しい攻防をくり返している。

城下町として出発した米子だが、池田氏が鳥取に本拠を置き、城代家老の荒尾氏が明治二（一八六九）年まで治めていたため、政治的な中心地にはなり得ず、商港、また物産を集散する地方経済の根拠地として発達、それが今の商工業都市としての米子を形成しているといっていい。

米子駅から西へ一キロほど歩くと米子城跡へ出る。通りを歩いているかぎりでは、特別に城下町の風情は感じない。

米子城跡の説明板の前に立つと、前方に古めかしい長屋門が見えた。この門は、市内西町の小原家にあったもので、昭和二十八（一九五三）年に米子市に寄贈され、現在地に移築されたのだという。小原氏は、最後の米子城代荒尾家の家臣で、禄高は百二十石だった。

本丸跡へと登った。二十分ほどで本丸跡に着いた。草茫々と聞いていたが、城跡はきれいに整備されていた。展望は見事で、米子港から米子市街が眼下に広がって見える。この城は湊山（九〇・四メートル）の上にあって、またの名前を久米城、飯山城とも呼ばれていたらしい。山頂への道には寺の名前の表示板と味わいのある石仏が配置され目を楽しませてくれる。城の石垣はしっかり残っており、在りし日の威容を感じることができる。しばしベンチにひっくり返って、よく晴れた秋の空を眺めた。

米子城の築城年代は明らかではないというが、室町時代の中期に、因幡《いなば》、伯耆に勢力を持っていた山名氏が、出雲の京極氏に備えて砦を築いたのがはじまりと伝えられている。その後、山名氏と尼子氏、それに毛利一族の吉川氏などの争奪の拠点となった。興味深いのは、尼子氏の旧臣である山中鹿介が主家再興を画して旗揚げし、元亀二（一五七一）年の三月、尼子十勇士の一人、秋上《あきあげ》伊織介《いおりのすけ》久家（勇士ではあったが結構失態も多い人

国の重要文化財後藤家
（内町）

物）が、米子城に拠る吉川氏の部将福頼元秀を攻めたことが史実としてあることだ。

まあそんなあれこれがあったらしいが、その後米子城は月山富田城《がっさんとだ》に拠る吉川広家が領することになり、広家は現在の湊山を中心に本格的な城砦《じょうさい》の構築に取りかかっている。やがて関ヶ原の役があり、西軍に与《くみ》した広家は、戦後、城の完成を見ないまま岩国に転封される。

慶長五（一六〇〇）年、わずか十一歳の中村一忠（後に忠一と改名）が封ぜられ、家老横田内膳正村詮《ないぜんのしょうむらあき》の後見のもと吉川広家の築城工事を引き継ぎ、湊山山頂上に本丸を構え、二の丸、三の丸を整備して二重の堀をめぐらすなどして壮大な平山城を構築している。

この少年藩主一忠の父親は中村一氏といい、豊臣政権時の三中老の一人だった人物だ。近江国甲賀（現・滋賀県甲賀市）出身とされ、早くから羽柴秀吉（豊臣秀吉）に仕えている。出自については不明が多いところをみると出生地の甲賀という土地から考えて、甲賀流の忍びということも推察できる。山崎の合戦では鉄砲隊を指揮して功を立てているし、北条征伐においても、秀吉隊の先鋒を務め、ほぼ単独で松田康長の守る箱根の山中城の主要部分を攻略している。

慶長三（一五九八）年に秀吉は逝去する。関ヶ原の合戦はその二年後の慶長五年の九月で、東軍に属していた一氏は、何と合戦前の七月十七日（八月二十五日という説もある）に病没している。合戦には弟の一栄が出陣したという。長男の一忠も東軍に属し出陣しており、その戦功もあって、一忠は伯耆一国米子城主として十七万五千石で入封し国持大名となった。そしてこの少年藩主のもと、よくあることだが、血生臭い横田騒動がはじまるのだ。

横田騒動とは、中村家に起ったお家騒動だ。きっかけになったのは横田内膳正村詮という人物で、出自ははっきりとしていないが、阿波を本拠として、後に高屋城（現・羽曳野《はびきの》市）の城主となる三好山城守康長の家臣であったという説がある。三好の没落後は浪人したが、中村一氏の御咄衆《おはなししゅう》として召し出されている。横田は一氏に大分気に入られたらしく、妹を正室として迎えている。彼は武将というよりは、行政面でなかなかできる男だったという。

横田は一氏の死後、少年藩主一忠の後見人として活躍する（後見人としての地位は将軍家康の命もあったという）が、人間、権力を持つとどうしても勝手な振るまいが多くなる。おそらく一忠にとっても煙たい存在だったのだろう。そこに讒言《ざんげん》する家臣も出てきたので、流れのなかで、殺《や》ってしまおうということになった。

慶長八（一六〇三）年十一月十四日、十四歳になった一忠は米子城内で元服式を行い、その日の式の祝宴が終った後、藩主自ら横田内膳に斬りつけたというから、相当反横田派家臣に焚《た》き付けられていたのだろう。とにかく藩主の後見人横田は、一忠に殺害される。

問題はここからで、横田の成敗を聞いた横田の一族、それに彼の恩を受けた者たちは、城下にある横田内膳邸に立て籠ったのだ。一忠は自分たちだけでこの一派を討つことができないとみて、隣国の出雲松江の大名堀尾氏に援軍を乞うことになる。堀尾吉晴は、一忠の父親、一氏とかつて豊臣政権下で三中老として腕を振るった仲からか、五百人ほどの援軍を出している。表門から一忠勢、裏門から吉晴勢が攻め、結局横田一派は敗北するのだが、面白いのは、横田一派のなかに、剣豪、柳生宗章《やぎゅうむねあき》（柳生但馬守宗矩《むねのり》の兄）がいたことだ。宗章は、吹雪のなか、一忠方の矢野助之進らとわたり合い、数本の刀をさし、十文字槍をしごいて敵兵を十八人ほど斬り倒したという。しかし最後は刀折れ矢尽き、一忠の本陣に突進して壮絶な最期を遂げている。このあたりのことに興味があったら、隆慶一郎氏の「柳生非情剣」（講談社文庫）をお勧めする。

米子城跡を下りてぶらぶらと旧加茂川方面へと歩く。旧加茂川はかつては米子城の外堀だったらしい。

鉄砲小路を抜けると旧加茂川に出た。川端に「笑い地蔵」という地蔵があった。近くに朝日町通りという飲食街があり、朝日町で遊ぶ男たちは浮かれ過ぎないようにこの地蔵に手を合わせるのだという。

川に沿って歩く。ところどころに古めかしい蔵が並んでいる。「岡本一銭屋」という古い駄菓子屋があったり、江戸時代からの海運業で栄えた「内町後藤家」や同

加茂川遊覧
乗船口のカッパ
①
弓ヶ浜から
見た大山
②
絶品です
米子の白ネギは
鍋にぴったりだ
③
寺町通り
には寺がずらり
と並んでいる
④

じく江戸時代から判屋（版木を彫る職業の家）を務めた「判屋船越家」などがそれぞれ昔の面影を今に残している。

米子港に近い旧加茂川河口にある京橋は、城から京へ上るはじめての橋だという。橋の欄干には擬宝珠《ぎぼし》がついていた。

横田騒動後の米子藩について触れておきたい。騒動の後、中村一忠は二十歳という若さで急逝、中村氏は改易となる。慶長十四（一六〇九）年、美濃黒野藩主加藤貞泰が六万石で米子に入部するが、元和三（一六一七）年に伊予大洲に移され、米子藩は廃藩となる。その後、加藤の旧領は、播磨から因伯両国に入った（一六一七年）池田光政の領地になった。光政は米子城に筆頭家老の池田由之（三万二千石）を入れている。由之の後を継いだのは池田由成だ。寛永九（一六三二）年、光政と入れ替えに従弟の池田光仲が因伯両国に入った。光仲は筆頭家老の荒尾成政を米子城に入れ、その後代々荒尾氏が米子を治め幕末までつづくことになる。

安中市《あんなか》（群馬県）

安中教会、同志社英学校（現、同志社大学）の創立者 新島襄の旧宅

三歳から中学卒業の直前まで、南房総（千葉県）の千倉《ちくら》という海辺の町で過している。理由は悪性の小児喘息《ぜんそく》の治療のためだった。喘息には海辺の生活がいいとかいうのだが、子供のぼくにはわからなかった。母と二人きりの日々だった。

小学校が終った時、東京の家へもどる話も出たが、心配性の母親の意見に押され、そのまま土地の中学へと進んだ。七浦中学といい、ハリウッドでも活躍し、デビッド・リーン監督の「戦場にかける橋」でアカデミー助演男優賞にノミネートされた早川雪洲《せっしゅう》の出た学校で、彼はこの土地の出身だった。

中学では山口勝一という生徒と仲よくなった。勉強もでき、特にスポーツは万能だった。ぼくは彼を「かっちゃん」と呼んでいた。

この土地には五年に一度行われ無形文化財に指定されている大祭があり、ぼくも嫌々ながら参加した。今でもそうだが大勢で騒ぐのは大の苦手である。それに引きかえ、かっちゃんは祭りでもスターだった。女生徒たちはみんな彼の祭り姿に目を潤《うる》ませていた。

そんなかっちゃんと、中学を卒業するという年の一月、つまらないことから喧嘩した。雨上りの水溜りに、おろしたてのスニーカー（当時は運動靴）を履《は》いていたぼくをかっちゃんが突きとばしたのが発端だった。ぼくは水溜り近くにあった木片をかっちゃんにおもいっきり投げつけた。かっちゃんにしてみれば、ちょっと脅かすつもりで背なかを押したんだろうが、たまたまあった水溜りにぼくが新調のスニーカーのままはまってしまったというわけだ。木片を投げつけられたかっちゃんの右足が上った瞬間、彼の履いていた下駄がぼくの唇下を直撃した。血があふれ出し、ぼくはハンカチで口を押えたまま近くの病院へ直行した。傷は唇下を突き抜けていた。古傷は今でもぼくの唇下に残っている。

このできごとは、校内ではちょっとした事件としてあちこちで囁《ささや》かれた。仲のよかった二人が何であんなことになったのだろうという考えからだとおもうが、仲よくしているという行為は、それなりにストレスを育てるものだ。この手のストレスは、時には殺人事件などを引き起す場合もある。喧嘩程度の爆発は不幸中の幸と考えるべきかもしれない。

ぼくの傷口が塞《ふさ》がった頃、ぼくとかっちゃんは以前の仲にもどっていた。二月に入って間もなく、二人で千倉町（現・南房総市）の中心にある「大漁館」という映画館で東映のチャンバラ映画の二本立てを見た。「大漁館」は二月いっぱいで閉館することになっていた。

映画のあと、海まで歩いた。

「試験、頑張れよな」

かっちゃんが励ましたのは、ぼくが二日後に高校受験のため東京へもどることになっていたからだ。彼は卒業後、突きん棒船（海上のカジキマグロを追って銛《もり》で仕止める漁法の漁船）に乗ることが決っていた。この船に乗ることは、土地の少年たちの憧れだった。

かっちゃんが砂浜で、一年前から稽古しているという空手の形を見せてくれた。

真面目な表情がおかしかった。

陽が西に傾いて、自転車の二人乗りで帰りかけた途中の道で、かっちゃんが突然「ろうばいを見に行こう」と言った。ぼくは「ろうばい」は知らなかった。花らしかった。

かっちゃんの案内で山裾にある滝へと向った。ろうばいは滝の近くに咲いていた。名前の響きにそぐわない可憐《かれん》な黄色い花から、かすかに甘い香が漂っていた。思い出話が長くなった。因みにかっちゃんは突きん棒船が廃《すた》れたあと、一人小船で漁をしていたらしいが、還暦を迎えるという数ヶ月前癌で死んだという。

この年の一月、新橋駅のみどりの窓口に置かれていた旅行のチラシにふと目がいった。「ろうばいの郷」という文字が目に入ったのだ。おもわずチラシに手をのばした。読むと三・二ヘクタールの土地に千二百株、一万二千本のろうばいが咲いているというのだ。花はまさにこの時期が見ごろだった。場所は安中市松井田とあった。安中といったら、江戸期板倉氏三万石の城下町である。また、この土地は、同志社大学の創立者、新島襄や、元京大総長で、全国中等学校優勝野球大会（後の甲子園大会）で審判長をつとめた荒木寅三郎らの出身地でもあった。すぐに安中へと出かけることを決めた。

翌朝、東京駅から九時過ぎの上越新幹線に乗った。高崎駅でJR信越本線に乗り替えると三つ目の駅が安中だった。車中安中市の松井田町にあるという「ろうばいの郷」をおもい描いたりした。想像は子供の頃から大好きな遊びだった。無料でこんなに楽しめる遊びはない。中学生の冬、かっちゃんと見た山裾の滝近くに咲いていたろうばいを思い出した。

JR安中駅は寂しい駅だった。観光案内所で地図をもらい、タクシーで安中城跡を告げたが運転手の答えはあやふやだった。何とか今の「安中市文化センター」のあたりが本丸跡だとわかり、向った。

立派な「安中市文化センター」はあったが、城跡らしき風情はまったく感じられない。一角に「日本マラソン発祥の地安中」という石碑があった。ここが日本マラソンの発祥地だとはじめて知った。走ることの好きな友人の村上春樹に教えてあげようとおもった。

安政二（一八五五）年、安中藩主板倉勝明（板倉五代藩主）は、藩士の鍛錬のため、藩士九十八名を安中城から藩境の碓氷《うすい》峠まで約二八キロを競走させた。これは「遠足」（「とおあし」と読む）と呼ばれ、この安政遠足が日本におけるマラソンのはじまりだと伝えられているのだ。当時の着時間や着順、氏名は、「安中御城内御諸士御遠足着帳」という古文書に今も残っているという。

「安中文化センター」から坂を下ると安中小学校があり、正門に向って左側に「安中城地」の碑が建っていた。安中文化センターが本丸跡で、安中小学校あたりが二の丸跡だったらしい。安中城は、北を九十九川《つくも》、南を碓氷川に挟まれた台地上に築かれた平城だということが考えられる。両川は天然の堀だったのだろう。

安中市の歴史に触れておきたい。

安中の地名は、戦国時代、安中、松井田の両城を拠点としていた安中氏に由来している。しかし、安中氏の出自にはこれといった信ずべき史料がない。知られるようになったのは、世に上州八家の一つとされる安中越前守忠政の代あたりからだ。最盛期の安中氏の領国は碓氷郡一円に及んでいたというが、そこには常に侵略に貪欲な隣国の武田信玄の動きがあった。しかし信玄にとっても安中衆は手強かったらしい。「武田家の時、西上州地付騎馬に、碓氷郡一騎当千といふ衆あり。是を甲州にて西上州方衆といひ、亦安中衆ともいふ」。これは「上野志」という書巻に残る文面らしい。

結局、安中氏は武田信玄の軍門に下る。一族は信玄の死後、子の勝頼に従い、織田、徳川の連合軍との長篠の合戦に参加、ことごとく討死してしまったという。主を失った安中城は荒廃し、耕地になったと伝えられている。

やがて徳川家康が関東に入府する。元和元（一六一五）年、徳川四天王の一人、井伊直政の嫡子井伊直勝が三万石で入り、安中城は再築されることになる。

井伊直勝は、名を改める前は直継といった。直継は生来病弱なため将器に欠ける人物だった。その点、弟の直孝の方が父親の才を濃く受け継いでいたらしい。大坂の陣でも、直継は病弱なため出陣できず、直孝が井伊軍を率いて出陣し武功を挙げている。直継が直勝と名を改めたのは元和元年のこと。彼は幕命により彦根藩主の座をおろされ、分知された安中藩三万石の藩主となったのだ。なお、この時直勝は彦根藩初代藩主の履歴も抹消されている。

病弱ではあったものの、直勝は安中城下の建設に尽力している。寛永九（一六三二）年、直勝は家督を子の直好に譲って隠居、直好は正保二（一六四五）年六月に三河西尾藩に移され、代って三河新城藩から水野元綱が二万石で入ってくる。元

旧板鼻宿本陣書院
ここは皇女和宮が京都から江戸へ下向途次宿泊したところとか

綱は寛文三（一六六三）年三月、領内の検地を行い藩政の基礎を固めた。

　水野氏のあと、堀田氏、板倉氏、内藤氏とせわしく入れ代り、寛延二（一七四九）年、遠江《とおとうみ》相良《さがら》藩から板倉勝清が二万石（やがて一万石加増）で入り、以後板倉氏がつづき、六代藩主板倉勝殷《かつまさ》で明治を迎えている。

　板倉氏の歴代藩主は学者肌というか、学問に秀でた人物が多い。第四代藩主、板倉勝尚は、文化五（一八〇八）年に藩校「造士《ぞうし》館《かん》」を創設している。第五代藩主板倉勝明は、「西征紀行」や「東還紀行」など、多くの著作を残している（前述した「遠足」を考案したのもこの人だ）。しかし天明の大飢饉などもあって、安中藩は次第に財政難が深刻化していく。そんななか、幕末期には和宮降嫁《かずのみやこうか》のための中山道《なかせんどう》の守備を務めている。「偽官軍事件」として知られる「赤報隊事件」もこの安中で起っている。赤報隊は幕末に結成された草莽隊《そうもうたい》（民間の隊）で、一番隊、二番隊、三番隊で構成されている。江戸市内において旧幕府軍に対する挑発的行為を目的として工作活動などを行った。彼らの活動が、戊辰戦争の最初の戦いである鳥羽・伏見の戦いのきっかけになっている。有名なのは一番隊を指揮した隊長の相楽《さがら》総三だ。年貢半減を布告し、中山道を勇躍東進したが、新政府である総督府から偽官軍とされ、相楽は慶応四（一八六八）年三月、下諏訪宿のはずれで処刑されている。彼らは新政府によって使い捨てにされたといっていい。興味のある方には、「赤報隊始末御用盗銀次郎」（東郷隆著、徳間書店刊）、「幕末志士伝赤報隊」（宮城賢秀著、ハルキ文庫）などをお勧めする。

復元された武家長屋や旧安中藩郡奉行役宅、旧碓氷郡役所などを見て、旧中山道をぶらぶらと新島襄旧宅へ向う。同志社大学を創立した新島襄は有名だが、この人

が安中藩士の子供であることは案外知られていない。

新島襄は天保十四（一八四三）年の一月十四日に、東京は神田一ッ橋安中藩主板倉家江戸屋敷に生れている。幼名は七五三太《しめた》といった。上に姉が四人もいたことから、襄が生れた時、男子誕生を喜んだ祖父の弁治がおもわず「しめた」といったことからの幼名らしい。また一月生れのため、神棚にまだしめ飾りがあったことからという説もあるという。

新島襄は二十一歳の時、英国商人ポーターの商店に勤めていた福士卯之吉の斡旋《あっせん》で函館から脱国した。命がけでの行動だ。ボストンへ入港、その後のことは長くなるのでまたの機会とするが、安中小学校近くにある「日本基督教団安中教会教会堂」は「新島襄記念会堂」とも呼ばれている。大谷石造り銅板葺きの礼拝堂で、設計は古橋柳太郎、正面のステンドグラスは小川三知の作である。

話が横道にそれるが、中学生の時、新島襄と新渡戸稲造、内村鑑三がごちゃまぜになっていつも困った記憶がある。ぼくだけだろうか。

タクシーで「ろうばいの郷」に向った。ここは地元農家が使われていない農地に植えはじめ、栽培農地を増やして現在に至っているらしい。「ろうばい」は「蠟梅」と書き、中国が原産地だという。名前は蠟細工のような梅に似た花を咲かせることから付いている。英名は「ウインタースウィート」で、花言葉に「ゆかしさ」、「慈《いつく》しみ」がある。

「ろうばいの郷」は安中市の観光スポットらしく、甘い香りを求めて観光客が散策を楽しんでいた。

早春の香りを味わう。蠟梅をとおして、遠くに利休鼠《りきゅうねずみ》をした妙義山の妖《あや》しい稜線が見えた。

昼をとっくに過ぎていたので、信越本線の松井田駅に出て終着の横川駅にある「峠の釜めし」で有名な「おぎのや」で釜めしを食べた。益子《ましこ》焼きの釜に山の幸をふんだんに詰めた釜めしは、かつて信越本線の横川駅での人気駅弁だった。今は横川駅が終着になっているため、横川ＳＡや国道一八号沿いの「おぎのや」のドライブインで売られている。

横川から少し足を延し、旧丸山変電所や碓氷第三橋梁（通称めがね橋）などを見た。旧丸山変電

旧安中藩郡奉行役宅（旧猪狩家）
安中市指定重要文化財

所は明治四十五（一九一二）年に、旧鉄道省が全国ではじめて建設した純レンガ造りの変電所だ。碓氷第三橋梁は明治二十五（一八九二）年に完成した、これもレンガ造りで四連アーチの鉄道橋だ。近代化遺産として保存されている。信越本線アプト式鉄道時代の廃線跡は、約五キロ、横川駅から碓氷第三橋梁まで遊歩道として整備されている（現在は熊ノ平まで約六キロ）。新緑の頃にゆっくり歩いてみたいとおもった。

横川駅にもどり「五料茶屋本陣跡」や「碓氷関所の門」などを見た。関所は徳川幕府にとって強い政治的意味があり、いわゆる「入鉄砲に出女」の取締りは特に厳しかったらしい。この関所は明治二（一八六九）年に廃関されるまで中山道の要所だったという。

日帰りのつもりだったが、磯部駅と横川駅の間にある磯部温泉で一泊することにした。横川駅で手にした旅のチラシに、磯部温泉の効能があり、打身や切り傷にいいと書かれていたのだ。数日前、酔って転倒した時の顔や膝の傷が少しでも治療できればという都合のいい考えからの結果だった。「碓氷関所の門」近くにあった古い酒屋で夜のためのどぶろくの四合瓶を買った。

はじめての磯部温泉だが、無色透明、ぬるりとした肌ざわりの湯はなかなかだった。一人、露天風呂にゆったりと浸った。夜空は満天の星だった。安中の旅に意外な充実感を感じていた。

　翌朝宿を出て磯部駅へと歩いた。駅前の植込みのなかに石碑があり、「温泉記号発祥の地」とあった。ここから温泉マークがはじまったのだ。実りの多い旅だった。

磯部温泉に
一泊した
①
温泉マークは
ここからはじまった
のだという
旧丸山変電
所にて
②
赤レンガ
が美しい
通称めがね橋にて
いい感じ
だなあ
③
東海道の箱根
関所と並び称された
中山道碓氷関所跡
④

岸和田市《きしわだ》（大阪府）

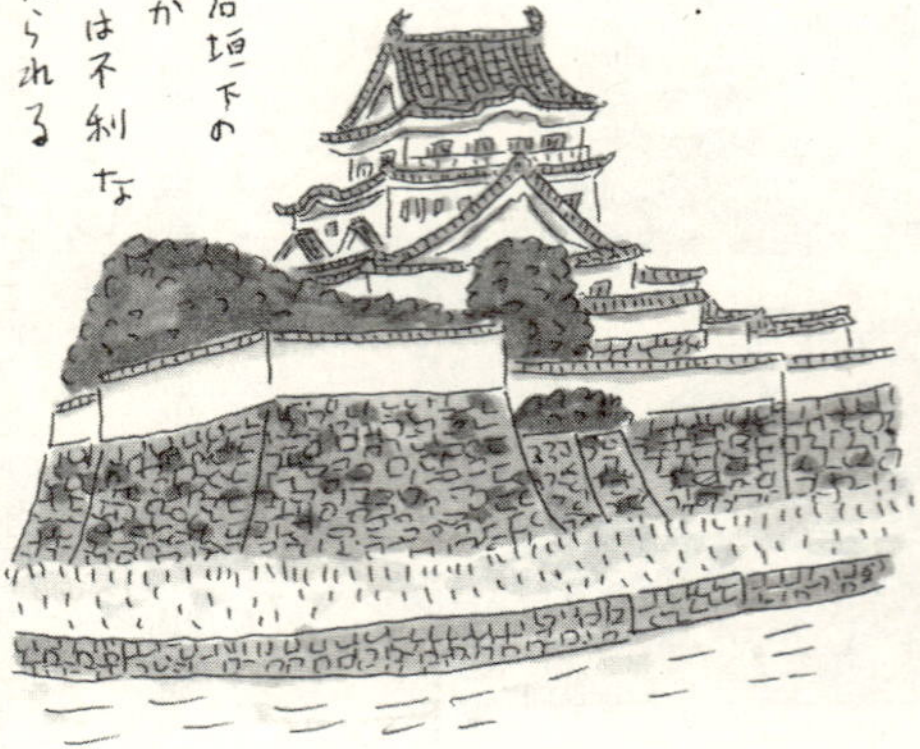
岸和田城の石垣下の
下部に何故か
城の防備には不利な
犬走りが見られる

赤坂にあるわが家の二階から、かつて山王神社や日比谷高校が眺められた。それはホテルニュージャパンができる（一九六〇年）前までで、このホテルが火災（一九八二年）で閉鎖された時はすでにあちこちに高いビルができ、わが家の二階からの眺めは一変した。

ホテルニュージャパンの敷地は、二・二六事件の際に部隊が立ち寄った「幸楽」という日本料理の料亭の跡地だったと祖母から聞いたことがあった。「幸楽」は戦時中、撃墜されたB29が直撃し大破全焼したという。

子供の頃は近所の仲よしだった一歳年上のO君とよく赤坂のあちこちを歩き廻った。弁慶橋でボートに乗ることもあったし、山王さん（山王神社）の山を越えて日比谷方面へと出ることもあった。赤坂は坂の多い町で、都立日比谷高校の横に「三べ坂」という変った名前の坂があって、このあたりもO君とよく歩いた。名門都立日比谷高校はぼくの夢だったが、残念ながら足もとにも近づけなかった。三べ坂というのは、昔時この坂前近くに和泉伯太《はかた》藩渡辺丹後守、武蔵岡部藩安部摂津守、和泉岸和田藩岡部筑前守の上屋敷があり、三家とも「べ」の付くことから誰ともなくこの坂を三べ坂と呼ぶようになったのだという。この話をしてくれたのも歴史好きな祖母だった。

三家の「べ」の付く藩主の一人、岡部氏の地元、岸和田をはじめて訪ねたのはバイク事故で死んだ友人の葬儀のためだった。東京でデザインの仕事をしていた友人は、バイクが趣味で毎早朝バイクを湘南へと走らせることを日課としていたのだ。トラックに接触するという不運で、大阪は岸和田出身の彼はまだ三十七歳だった。

二年後、ぼくは岸和田で有名な「だんじり祭」に出かけた。バイク事故で亡くなった友人の妹からの誘いだった。生前の友人はだんじり祭には必ず帰郷し大活躍していたらしい。

コシノジュンコさんと親しく話す仲になったのは、愛煙家数人で酒を飲みつつ談笑する「煙の会」からだった。ぼくは紙巻き煙草はやらないが葉巻は若い頃から楽しんでいる。ファッション界では世界のコシノジュンコであるコシノさんは、岸和田出身だった。コシノさんはよくだんじり祭について情熱的に語ることがあった。確かにだんじり祭は勇壮だ。城下町特有の直角の通りを猛スピードで曲る様ははらはらする。そのあたりが岸和田男児の心意気を見せる晴れ舞台なのだろう。

岸和田の街をはじめてのんびりと歩いたのは二〇〇九年、仕事で和歌山県の熊野古道を歩いた帰りだった。熊野古道を一緒に歩いた和歌山に暮すカメラマンが車で送ってくれたのだ。だんじり祭は見たことがあるが、岸和田の街はほとんど知らなかった。

南海電気鉄道の岸和田駅で車を降りた。十月に入ったばかりで、秋晴れの空が広がっていた。時刻は午後の二時過ぎだった。駅の観光案内所で街歩きマップをいただき、岸和田駅前通り商店街を西へと歩いた。六、七分歩くと左手に「洋裁コシノ」（以前は「コシノ呉服店」）という店があり、そこが何とコシノ三姉妹の生家らしかった。三姉妹の話はＮＨＫの朝のドラマでよく知られている。これはコシノジュンコさんとお会いした時の話題にできるとおもった。さらに歩くと紀州街道に出るのだが、少し手前を左に寺町筋に入り日本で唯一明智光秀の肖像画を所蔵しているという本徳寺に立ち寄った。この寺を開基した南国梵桂《なんごくぼんけい》という人物には、明智光秀の嫡子明智光慶《みつよし》だという説がある。

岸和田駅前通り商店街と紀州街道の交差点に出た。ここはだんじりのやりまわしの難所らしい。やりまわしというのはくわしく書くと長くなるのではしょるが、猛スピードで来た山車《だし》を直角の位置で急カーブさせる技とおもっていただきたい。

岸和田市は大阪府の南部、和泉地方に属する町だ。大阪湾に面した市の中心部は、寛永時代（一六二四―四五）以降、岸和田藩主岡部氏の城下町として栄え、明治時代中期後は泉州綿織物を中心とする紡織工業都市として発展した。また関西国際空港へは車で約十五分といった距離にある。

岸和田は、南北朝時代のはじめ、ただ「岸」と

岸和田城庭園にある「八陣の庭」の大将陣

とという。

呼ばれていた。建武元（一三三四）年、楠木正成の一族である和田高家が入ったことにより「岸の和田」と呼ばれるようになり、やがてそれが詰って岸和田になったという。

岸和田藩は、天正十一（一五八三）年に豊臣秀吉の部将中村一氏が岸和田城主になったことからはじまっているといわれているが、一般的には、天正十三（一五八五）年に秀吉子飼いの部将小出秀政が城主に封ぜられたことにはじまるという説が有力だ。秀政は四千石にすぎなかったが、やがて加増され三万石を領するに至っている。小出氏は城に五層の天守閣を築き、城下町としての基を整備している。岸和田藩は、紀州根来《ねごろ》寺などを監視する重要な役を負っていた。

陽が西に傾き、歩き疲れたのでやってきたタクシーを拾い、運転手が教えてくれた岸和田駅近くのホテルへチェックインした。

夜になってホテル近くの居酒屋風の店で夕食をとった。和歌山県の地酒、「黒牛《くろうし》」があったので注文した。つまみに水茄子《みずなす》の古漬けというのが壁板に張られた紙のメニューに書かれていたのでそれも頼んだ。水茄子は岸和田の特産と聞いていた。旬《しゅん》はだんじり祭のある九月で、本来は茄子の皮の張りとなかのスポンジ状のバランスを味わうものらしいが、ぼくはそれが苦手だった。水茄子の古漬けはこの食材の料理としては邪道なのかもしれないが、冷酒にはよく合っていた。

「女は二号まで、酒は三合まで」

会社役員をしていた友人がよく口にする言葉を思い出した。ほろ酔いでホテルへともどった。

ベッドのなかで、ずっと以前に見物しただんじり祭をおもいうかべた。祭り嫌い

岸和田見物①
本徳寺には明智光秀の肖像画が所蔵されている
岸和田出身の著名人(まだまだおりますが)②
コシノ・ジュンコさん
清原和博さん
岸和田男児の心意気は③
何といってもだんじり祭
泉州(岸和田)特産の水なすは④
九月はじめが食べごろです

のぼくとしては、何でこんなことをしなければいけないのか、他にするべきことがたくさんあるだろうに、などとおもって見ていたが、それにしても他に類のない勇壮な祭りだった。

岸和田だんじり祭は、毎年九月、岸和田城下、及びその周辺で行われる。延享二（一七四五）年に、町方の茶屋新右衛門という人物が、大坂の祭りを見聞し、牛頭《ご》天王社《てんのうしゃ》（現・岸城《きしき》神社）の夏祭り（旧暦六月十三日）に献灯提灯《ちょうちん》を揚げたいと藩主に願い出て許可されたのがはじまりとされている。当時の岸和田藩主は、三代岡部長泰だった。岸和田だんじり祭誕生説には、この茶屋新右衛門の献灯提灯説と、元禄十六（一七〇三）年当時の藩主、岡部氏三代藩主長泰が伏見稲荷大社を岸和田城の三の丸に勧請し、五穀豊穣《ごこくほうじょう》を祈願して行った稲荷祭りをはじまりとする説とがある。

岡部長泰が岸和田城三の丸に勧請した伏見稲荷大社は、現在三の丸神社と呼ばれ、観光的にはここが岸和田だんじり祭発祥の地とされている。また、今、岸城神社で行われているだんじり祭の「宮入り」は、明治維新頃まで「城入り」と言われ、三の丸神社で行われていたという。三の丸神社には、桶狭間で敗死した今川義元の兜《かぶと》があると伝えられている。何でも昭和十（一九三五）年、社殿の祭壇から金色の兜が発見され、それが、今川義元の家臣岡部元信が、主君義元の首級と引き換えに鳴海城を織田方に明けわたした際、首級と一緒に引きわたされた義元の兜だという。ちょっと見てみたいものだ。

翌朝、ホテルでの朝食後、タクシーでまず三の丸神社へと向った。もちろん兜は見られなかったが一応参拝し、一年中だんじり祭をビデオで見られるという近くの岸和田だんじり会館へ歩いたが、時間がまだ早く、開館していなかった。城下町特有の枡形の通りを岸和田城跡へと歩いた。岸和田市は戦争中空襲を受けておらず、そのためか城周辺の小路には城下町の風情が漂っている。

岸和田城跡は、今岸和田城庭園となっており、正面には誰が考えたのか「八陣の庭」なる庭があった。八陣とは中国の兵法で、古くから伝えられている八種類（魚《ぎょ》鱗《りん》、鶴翼《かくよく》、長蛇《ちょうだ》、偃月《えんげつ》、鋒矢《ほうし》、方円《ほうえん》、衡軛《こうやく》、雁行《がんこう》）の陣立てらしい。孫子、呉子のものや有名な諸葛孔明の考案したものもあるという。

お堀に囲まれた岸和田城はなかなか感じのいい城だった。冒頭に触れたバイク事故で死んだ友人は大阪府立岸和田高校を出ており、彼は時々こんなことを言っていた。

「近くに岸和田城ってのがあって、体育の時間にはよくお堀の周囲を走らされたんだ。今日は三周だなんて言われるとまいったね」

岸和田城は、建武元（一三三四）年、楠木正成の一族、和田高家が築いたのがはじまりとされている。藩主としては小出氏が三代つづき、小出氏が但馬出石《たじまいずし》へ移った後、松平（松井）康重が丹波篠山《ささやま》から入っている。松平氏が二代つづき播磨山崎へ移った後、摂津高槻《たかつき》から岡部宣勝が五万三千石で入った。以降岡部氏の支配で十三代つづき明治維新を迎えている。岡部氏というのは今川氏の家臣（今川義元の兜のことで前述している岡部元信と繫がっている）の出自ながら岸和田藩初代藩主宣勝が家康の妹を生母としており、それだけでなく、優れた能吏であり、町人とのヒューマンリレーションを大切にしていた一族のように見受けられる。最後の藩主岡部長職《ながもと》に至っては、明治になってから、アメリカのイェール大学、イギリスのオクスフォード大学で学んでいる。彼は身長が一八〇センチもあったらしい。

岸和田城庭園を出たところでタクシーを拾い紀州街道沿いの本町へと向った。本町の町並みをぶらぶらと歩いた。黒い漆喰《しっくい》に塗り込められた町家がつづいている。ずっと残して欲しい雰囲気だった。

岸和田本通り商店街を岸和田駅へと歩いた。NHK朝のドラマ「カーネーション」の影響からか「洋裁コシノ」の前は人だかりがしていた。改めてTVは凄いなあとおもった。どうもTVは苦手である。

中津《なかつ》市 (大分県)

黒田官兵衛孝高
(如水)が築城に着手し
細川忠興が完成
させた
中津城

大学卒業を前にした昭和三十九(一九六四)年の三月、はじめて九州の旅をした。大学で一緒にグラフィックデザインを専攻していた友人に誘われての旅だった。彼は大分県の中津市出身で、父親は学生帽などを中心とした帽子店を経営していた。まだ新幹線もなく、電車の座席はもちろんリクライニングシートなどではない。とにかく遠かった。直角の座席の堅さは今でも忘れられない。そんな車内で一夜を過した。確か徳山駅を通過するあたりで朝を迎えたのだが、外は雪だった。三月の雪かとおもった。

山陽本線を小倉で日豊本線に乗り替え、左手に周防灘《すおうなだ》を眺めながらようやく中津駅に着いた。疲れ果てたが、ぼくはまだ二十一歳だった。

友人のN君の家で三泊した。その間中津市内を散策し、日本三大五百羅漢《らかん》の一つだという羅漢寺や耶馬渓《やばけい》にある「青の洞門」などを案内してもらった。青の洞門は諸国遍歴の旅の途中、ここに立ち寄った禅海僧侶が、断崖絶壁を鎖を頼りに通るという難所で人々が命を落とすのを見て、托鉢勧進《たくはつかんじん》によって資金を集め石工たちを雇って、のみと槌だけで三十年かけて掘り抜いたトンネルだ。菊池寛は、この話を元に「恩讐の彼方に」という小説を書いている。余談だが、中学一年生の時の学芸会で、ぼくはこの小説を脚色した劇で、了海（小説は禅海ではなく了海）に扮している。一応主役を張ったわけだが、劇中では張子《はりこ》の岩にひたすら槌を振り下し、時々汗を拭うといったまったく演技力を必要としない役だった。

耶馬渓へN君と出かける時、玄関で彼の母親が言った。

「冬枯れの山がきれいですよ」

詩のようにおもえた。

帰京する日、N君が下関まで見送ってくれた。宮島口あたりでお昼になった。N君の母親が作ってくれたおにぎりを食べた。右手に宮島が見えた。

その後、ぼくとN君は広告代理店の電通に入社した。毎日が忙しかった。中津のことなどはすっかり忘れていた。

月日が流れ、ぼくはイラストレーターになった。ある時、旅の雑誌で国東半島《くにさき》を回る仕事を依頼された。国東半島の入口杵築《きつき》まで敢えて電車で行くことにした。杵築で一泊し、小林秀雄が嗜好したという城下《しろした》ガレイで一献傾けたいなどと得意になっていた。

東京駅から山陽新幹線で小倉駅へ、そこから日豊本線に乗り替えた。電車が中津駅で止った時、左手（北口）に福澤諭吉の銅像が見えた。一万円札の顔は聖徳太子から福澤諭吉に変っていた。はじめて中津へ来た時の記憶を探ってみた。銅像はうかばなかった。一万円札の顔になったことで設けられたのかもしれないとおもった。

ＮＨＫの大河ドラマ（二〇一四年）の主人公が黒田官兵衛だと聞いてちょっと驚いた。官兵衛に関しては「ちょっと邪悪な男」といった印象を持っているのだ。だいたい軍師だの参謀などといわれる人物に、清廉潔白《せいれんけっぱく》な者はいないだろう。戦場の詩人などと称された竹中半兵衛重治にしたところで、真相は探ってみなければわからない。ぼくには軍師などというと、どうも胡散《うさん》臭さがつきまとってならないのだ。黒田官兵衛を、ちょっと邪悪な男と書いたが、彼がキレ者であることは疑わない。

黒田官兵衛孝高《よしたか》は、天文十五（一五四六）年に播磨国に生れている。一族は播磨守護職の赤松氏や小寺氏に仕え、はじめは小寺姓を名のっていた。やがて織田信長の中国進出に関与し、羽柴秀吉の参謀として軍略家の名を馳《は》せることになる。秀吉の天下取りが現実味を帯びてきた頃の天正十四（一五八六）年、官兵衛は秀吉の九州征伐先遣隊の軍師として諸大名の勧降工作に当り秀吉本隊の九州征伐に貢献、その功績により豊前六郡十二万三千石の領主となっている。翌年の天正十五年のことだ。

官兵衛は領主の検地を行うと共に中津城を築城、城下町としての造営に着手、中津の礎《いしずえ》を築いている。

中津を訪ねたのは平成二十二（二〇一〇）年の五月だった。九州新幹線が全通する前年のことで、そのイヴェントのパネルディスカッションに参加した帰りに立ち寄ったのだ。何と日豊本線の中津駅に降り立ったのは四十六年振りのこと。昔のことはすっかり忘れていたので、まるではじめての気分でどきどきした。新緑の風が心地よかった。

中津市は、大分県の北西に位置しており、県内では大分市、別府市についで人口が三番目に多い都市である。城下町であり、前述しているが、青の洞門、羅漢寺、福澤諭吉旧居、中津城などといった文化財、歴史的建造物も多く、市の南部には景勝地で知られる耶馬渓など、観光都市としても人気がある。

例によって観光案内所で中津駅周辺の地図をいただき、駅近くのホテルに予約を入れた。駅前に建つ福澤諭吉の銅像を見上げた。慶応義塾大学にある像よりずっと若い。

福澤諭吉は、天保五（一八三五）年、一月十日に豊前国中津藩（現・大分県中津市）の蔵屋敷で下級藩士の子として生まれている。よく知られた人なので詳細は省くが、慶応義塾大学の創立者だから学問はもちろん一流だろうが、この人は剣の腕もなかなかで、若い時から立身《たつみ》新流居合に励み、成人の頃には免許皆伝を得た達人だったという。文武両道の人なのだ。一万円札の顔はご存じのとおりだが、文久二（一八六二）年にパリの国立自然博物館で撮影された諭吉の顔は、まるで俳優の

凄まじい決闘の現場になった
合元寺（赤壁寺）

松山ケンイチだ。

駅前を北西へと、中津城跡へ向って歩いた。時計は午前十一時を回っている。

中津藩は豊前下毛《しもげ》郡中津周辺を領した藩で、藩庁は中津城に置かれた（一時、小倉城に移る）。前述しているとおり、はじめこの地に入部したのは黒田官兵衛孝高で、黒田家が二代、中津藩の立藩はその後入った細川忠興によってのことだ。忠興の後を継いだ忠利が熊本へ移った後、小笠原家が五代つづき、その後奥平家が十万石で入部、九代を経て明治を迎えている。こうして見てみると、中津は一筋縄ではいかない家系が治めている藩である。最後の藩主奥平家は、天正三（一五七五）年の長篠の戦いの際、二代目当主奥平貞昌が、長篠城を武田勝頼の猛攻を凌いで死守、その勲功により織田信長から「信」の一字を賜り「信昌」と改名している。また彼は関ヶ原合戦での西軍の敗将、安国寺恵瓊《えけい》を捕らえるといった手柄も立てている。

中津城跡は周防灘に臨む中津川河口に築城された平城だ。小ぢんまりと見えるが昔はもっと風格があったのだろう。黒田官兵衛が中津入りし城郭と城下町の建設に着手しているのだが、本格的な工事は慶長五（一六〇〇）年にはじまる細川氏の時代からだったらしい。官兵衛の築いた石垣には、当時の最高技術とされている穴太《あのう》積みの技法が用いられており、九州における最古の近世城郭の石垣と伝えられている。

中津城跡から福沢通りを北へ、福澤諭吉旧居、福澤記念館を見た。この旧居は諭吉が長崎へ遊学するまでの幼少青年期を過した家だという。まあごく普通の家だが、興味深かったのは、併設されている記念館に一万円札の一号券が展示されていたことだった。

お昼を過ぎていたので、福沢通りにあった定食屋で、中津の名物だというから揚げ定食を食べた。まあ何処にでもあるから揚げだったが、とにかくお腹が満たされたので、別名赤壁寺と呼ばれている合元寺《ごうがんじ》へと入った。

城井《きい》鎮房《しげふさ》の謀殺は中津におけるぼくの一番関心のある事件だった。

秀吉の九州統一によって、鎌倉時代から豊前を領していた城井氏（豊前宇都宮）は、四国へと転封を命じられるが、領主の城井鎮房はそれを拒否する。そこで新たに豊前に入国してきた黒田官兵衛と一戦を交えるのだが、黒田軍は剛勇で知られ知将でもある鎮房軍に敗退、最終的には和議を結ぶことになる。

中津城へ招かれた鎮房は官兵衛を警戒し、屈強な家臣四十名ほどを伴って赴いた。しかし許されたのは鎮房と小姓の二名のみで、他の家臣は合元寺に留め置かれたのだ。鎮房は黒田側の謀略に呆気なくはまり中津城内で騙し打ちという非業の最期を遂げることになる。その後の黒田側の遣《や》り口は凄まじい。さらに合元寺にいた鎮房の家臣を急襲し全員を討ち果している。この時合元寺では烈しい戦闘が繰り広げられ、凄惨な光景となったらしい。寺の壁一面が血糊や血飛沫《しぶき》で赤く染まったという。寺がいくら壁を塗り替えても白壁から血が滲み出てくるため、結局赤く塗るしかなく、現在も赤壁となっている。

知らない人が見たら赤くてきれいな壁だとおもいそうだが、由来を知ってしまうと、城井鎮房一族滅亡の怨念が呻《うめ》いているようで怖くなる。

因みに城井鎮房に止《とど》めを刺したのは、その頃黒田家に仕えていた後藤又兵衛だったという。傷を負いながらも白刃を振るって抵抗する鎮房に、又兵衛は「城井中《なか》務少輔《つかさしようゆう》殿ご免！」と声をかけ鎮房の胸を槍で突き刺したと伝えられている。このあたり、NHK大河ドラマが如何なる演出で見せるのか、興味しんしんだ。

歩き疲れたので、予約を入れておいた駅近くのホテルへ入り、ひと休みすることにした。ぼくにとっては四十六年振りの中津、はじめて来た時のことはまったく蘇らなかった。明日は中津に誘ってくれたN君の帽子店へ寄ってみたいとおもった。

翌日、タクシーで自性寺へ行き、展示されていた大好きな池大雅《いけのたいが》（南宗系の画家）の書画を鑑賞し、日豊線で杵築へ出て大分空港から東京への帰途についた。結局N君の帽子店には寄らなかった。

掛《かけ》川《がわ》市（静岡県）

日本中がさまざまな話題で沸いた東京オリンピックの翌年、昭和四十（一九六五）年の四月、銀座にあった（一年後に築地に移転）広告代理店に入社した。二十二歳だった。

大学ではグラフィックデザインを専攻していた。教育の一環として広告のデザインもそれなりに学んだつもりだったが、基本的にまだ子供だった。

半年ほどの新入社員教育後に配属されたのは、その年に新設された国際広告制作室だった。外国の雑誌を媒体として、日本の企業の広告をデザインして載せる部署だ。配属理由として、入社試験の英語が満点だったからだと部屋のボスに言われた。マグレの恐ろしさを痛感した。

日本人のアートディレクターはぼくを入れて七人（下っ端のぼくはまだアートディレクター候補といった立場だ）、コピーライターはアメリカ人四人といった人員構成だった。頭が痛いのはコピーライターとの打ち合わせがすべて英語だったことだ。ちんぷんかんぷんである。わかったつもりで「イエス」などと言ってしまうと、後でとんでもないことになる。一ヶ月ほどで会社をやめたくなった。

救ってくれたのは部屋のボスである田中要造（仮名）だった。英語が堪能な彼は、ノモンハン事件の生き残りらしかった。五十代半ばの彼は、社内にいる三十代後半と見られる女性を愛人にしていた。二人がいそいそとレストランなどへ入っていくところをぼくは何度も目撃している。小柄ででっぷりしていたが、彼のラグランのステンカラーコートの着こなしが好きだった。

ボス、つまり田中要造室長は、よくぼくをランチに誘ってくれたり、時々夜の酒場にも連れていってくれた。愛人である彼女を同伴してくることもあった。ぼくは甘く見られていたのだろう。田中要造の愛人は、色疲れした細い脚が妙にいやらしく感じられたが、性格はどちらかといえば世話女房タイプにおもえた。彼女とは時々社内ですれ違うこともあったが、いつも笑顔で声をかけてくれた。二人は静岡県の掛川出身だった。

田中室長は歴史話が好きで、酒の席でもよく歴史話を口にした。スコッチを傾けながら戦国期の話などをしていると、ふしぎともう少しこの会社で頑張ってみようといった気分になった。

「戦争というのは恐ろしいもんだ。思い出すと今でも身体が震えてくる。だがなあ、こうやって生きてもどってくると、あんな貴重な体験はない。横にいた仲間が、一瞬目を離すと死んでるんだ」

彼はノモンハンでの体験をそんな風に話した。

田中室長は、掛川の茶農家の出身らしかった。酒を飲むと、歴史話として掛川城や城主だった山内一豊のことを口にした。ぼくは山内一豊に関しては、その夫人の内助の功の話しか知らなかった。一豊が織田信長に仕えたばかりの頃、馬揃え(軍事パレードのようなもの)に出る馬がなく、困っていると妻の千代が、大切にしまっておいたへそくりの十両を出して、一豊に名馬を手に入れさせたという。誰でも知っている話だ。

二〇一二年二月、ぼくはかつての国際広告制作室の仲間から、田中要造の死を知らされた。寒い日だった。ずっと音信は途絶えていたし、正直なところ、まだ生きていたのかとおもった。おそらく百歳に近かっただろう。

初夏、掛川への旅に出た大きな理由として、田中要造への供養の気持があった。東京駅から新幹線で掛川へと向う車中、まだ若かった日、田中室長とスコッチを傾けながら話した、掛川城のことや、山内一豊の出世話などを思い出していた。

静岡駅で電車を降り、まずバスで久能山東照宮へと向った。参拝はいつも午前中と決めている。参拝後ロープウェイで日本平まで上ったが、期待していた割にはとりたてて面白いところではなかったので、土産物店で鰯節《いわしぶし》を一袋買い、タクシーを呼んでもらい静岡駅へともどった。

掛川駅にはお昼近くに着いた。駅の北口に出ると駅前広場に二宮金次郎の銅像があった。この銅像は、明治天皇愛蔵の立像（二〇〇五年現在明治神宮蔵）を模したものだという。

掛川駅の開業は明治二十二（一八八九）年だと

掛川駅北口は新幹線の駅として唯一残る木造駅舎だ

いう。特筆すべきは、新幹線の駅舎としては唯一残る木造駅舎ということだろうか。

掛川の地名の由来は、中心部を流れる逆川《さかがわ》からきているらしい。この川の流れが、切り立った崖のように見えたことから「欠けた川」と呼ばれるようになり、やがて略され「懸川」となり、今の掛川になったのだという。逆川の崖のように切り立った流れとはどのような光景だったのだろうか。それを見た人々の感覚に興味を持った。

掛川市は静岡県西部、かつての佐野郡及び小笠郡に含まれ、牧之原台地のすぐ西に位置している。二〇〇五年四月一日に、旧掛川市と大東町《だいとうちょう》、大須賀町の一市二町が合併して現在の掛川市になった。

掛川で歴史上よく知られているのが山内一豊で、彼は天正十八（一五九〇）年から慶長五（一六〇〇）年までの約十年間、城主としてこの地を治めている。

駅前大通りを掛川城へと歩く。旧東海道を直進し、逆川に架る緑橋に立つと眼前に掛川城の白堊《はくあ》の天守閣が聳えて見える。この城は、文明初年（一四七二年頃）、現在の城跡の北東にある天王山《てんのう》（標高六五メートル）に、駿河（現・静岡県中央部）の守護大名今川氏重臣朝比奈泰熙《あさひなやすひろ》が築いたのがはじまりとされている。やがて遠江（現・静岡県西部）における今川氏の勢力拡大に伴い、現在の地に新たに築城、旧城は廃城となった。新城の築城は、永正九（一五一二）年から同十年頃だという。

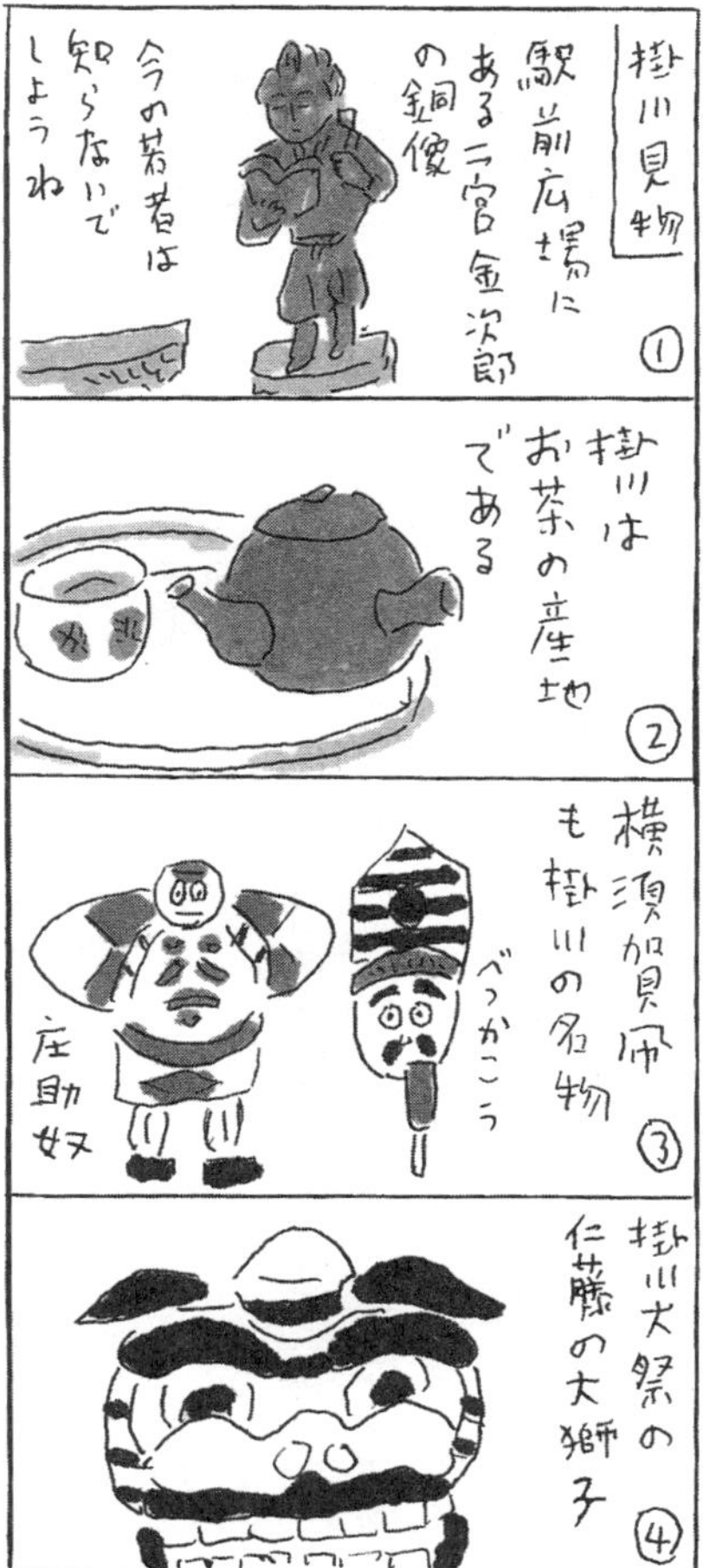
掛川見物
駅前広場に
ある二宮金次郎
の銅像
今の若者は
知らないで
しょうね
①
掛川は
お茶の産地
である
②
横須賀凧
も掛川の名物
べっかこう
庄助奴
③
掛川大祭の
仁藤の大獅子
④

永禄三（一五六〇）年、桶狭間で織田信長の奇襲により今川義元が敗死する。

永禄十一（一五六八）年二月、徳川家康は武田信玄と駿河、遠江の分割領有を密約し、それにより家康は同年三月遠江へ出兵した。一方信玄も同年十二月、二万五千の兵で駿河に攻め込んだ。泡を食ったのは駿府城でのんびり構えていた今川義元の子氏真だ。彼は一目散に朝比奈泰朝《やすとも》のいる掛川城に逃げ込み立て籠った。翌年一月、徳川家康は旧掛川城のあった天王山に布陣、烈しい攻防戦の末、同年五月和睦（氏真の降伏）により開城させている。家康のものとなった掛川城に城番として入ったのは重臣の石川家成で、その後この城は甲斐からの武田氏侵攻に対する防御拠点となった。

因みに家康による掛川城攻めは、歴史上「掛川城合戦」と呼ばれている。

余談になるが、日光東照宮に狩野永納《かのうえいのう》筆と伝えられる「徳川二十将図」が宝物として保存されているという（ぼくは見たことがないが）。そのなかの一人に本多平八郎忠勝がいる。「家康に過ぎたるものが二つあり、唐の頭《かしら》に本多平八」という言葉でも知られている。織田信長は本多忠勝を「花実兼備の武将」と言ったという。花も実もある勇士ということだろう。惚れぼれする言葉だ。

本多平八郎忠勝の得意とする槍は、周囲から「蜻蛉切り《とんぼき》」と呼ばれていたらしい。彼が一度その槍を振るえば、乱舞する蜻蛉を切り落すといったところから名付けられたという（他説もいくつかあるが）。

家康に従軍して掛川城を攻めた忠勝は、蜻蛉切りの槍を縦横に振るい、一番乗りの功を挙げている。

天守閣への石段を上り城門をくぐると、すぐ左手に「霧吹き井戸」と呼ばれる井戸がある。何でも徳川家康がこの城を攻めた時、この井戸から吹き出した霧が立ち込めて城を包み、家康軍の攻撃から守ったという伝説の井戸だという。

天守閣の最上階に上ると掛川の市街が一望できた。駅方面に向って左手前に掛川城御殿がある。城の二の丸に建てられた江戸時代後期の書院造りの建物だ。現存する城郭御殿としては京都の二条城など、全国でも四ヶ所しかないという貴重な建築物らしい。この御殿は、藩における公の式典の場、藩主の公邸、藩内の政務のための役所と、三つの機能をこなす施設だったといい、江戸時代は身分によって入口が異っていたという。

豊臣秀吉は北条氏を滅ぼし、天正十八（一五九〇）年、一応の天下平定を見ると、徳川家康を関東に移し、家康旧領地には自分の配下の大名（堀尾吉晴や中村一氏等）を配し、その一人として山内一豊を掛川城に入れた。一豊は戦乱で傷んだ城の改築や城下の整備を行うと共に、はじめて天守閣を築いた。

掛川城の天守閣の眼下に
見える掛川城御殿は
江戸後期の書院造りだ

山内一豊という人物は当時の武将としてはちょっと変っている。特別豪傑だったわけでもなく、名将とか智将という声も伝わっていない。取柄といえば真面目で律義だったことらしい。当時の武将としてはめずらしく側室を持たなかったというから夫人にも律義だったのだろう。これは立派といっていい。

山内一豊、一世一代の舞台は何といっても世にいう「小山《おやま》会議」だろう。

関ヶ原合戦の直前のこと、上杉征伐の途上で徳川家康は石田三成挙兵の報を知る。場所は下野（現・栃木県）の小山の陣で、そこには山内一豊もいた。

「三成退治！」

まず口火を切ったのは武闘派で聞えた福島正則だった。驚いたことに、その直後山内一豊が大声を発したのだ。

「内府殿（家康）にお味方つかまつる。つきましては、わが居城掛川城を兵糧ごとさし上げ申す」

もっと細かく言上したのかもしれないが、ざっとこんなことを大声で叫んだらしい。一豊は声だけは人一倍大きかったという。この発言をきっかけに、東西どちらにつくか迷っていた東海道の諸大名は、われもわれもと家康加担に走っていったというのだ。

山内一豊の自分の城献上説が、実は他の武将のアイディアだったということを話してくれたのは、冒頭に触れたぼくが広告代理店の新入社員時代、何かと面倒をみてくれた、歴史マニアでもあった国際広告制作室の田中要造室長だった。

こんなことらしい。

家康は上杉討伐の際の小山会議に先立ち、気がかりだった三成挙兵について諸大名に相談したいことがあるので集って欲しいという連絡を入れたらしい。一豊は若い頃からの同僚堀尾吉晴の次男忠氏（長男は早世）と家康のもとに向った。堀尾吉晴は浜松城主だったので山内家と堀尾家はいわば隣り同士ということになる。忠氏が父吉晴の名代として一豊と同行したのには、吉晴が三河国池鯉鮒《ちりゅう》（現・愛知県知立市）で、美濃国加賀野井城主加賀井重望《しげもち》や三河国刈谷城主水野忠重と酒宴中、何が理由か（はっきりした理由は定かではない）乱闘になり、重望が忠重を殺害、吉晴も槍傷を負ったが重望を討つという事件があったからだ。吉晴はまだ槍傷も癒えなかったのだろう。それにしても恐ろしい事件だ。西部劇なら、銃の撃ち合いということだろう。

とにかく一豊と忠氏は家康のもとへと向った。この時一豊は五十六歳、忠氏は二十四歳の青年だった。もちろん二人共に兵を率いての上杉討伐軍への参陣だ。

馬上、二人はいろいろと語り合った。

「一豊殿、三成殿が挙兵されるとなると、家康殿はすぐに反転して三成を討とうと言われるでしょうな」

忠氏は言い、さらにつづけたらしい。

「もしそのようなことになったら、わたしは城を家康殿に明けわたして自由にお使いくだされと申し上げるつもりです」

一豊はこの言葉をどのような気持で聞いていたのだろうか。小山会議での一豊発言は、まさに忠氏の言葉のパクリだったというわけだ。

一豊は、このパクリ発言により、関ヶ原合戦後、掛川五万石から土佐高知二十二万石の城主にのし上っている。これは現代の教訓でもある。発言する時のタイミングが如何に大切かということだ。

山内氏が掛川を去った後、例によって人事異動は激しく、藩主は目まぐるしく代り、太田資俊《すけとし》が上野《こうずけ》国館林藩より五万石で入った後、幕末まで七代つづき、慶応四（一八六八）年、最後の藩主太田資美《すけよし》が上総国柴山藩へ移ることで掛川藩は廃藩となった。太田氏はあの太田道灌《どうかん》の子孫だという。

雨になった。予約しておいた倉真《くらみ》温泉の宿に着くと日が暮れた。

夕食の時、この地方の郷土料理だという「いも汁」が出た。「いも汁」とはヤマイモを使ったとろろ汁のことだ。

里山にある静かな宿だった。一人露天風呂に浸った。雨が強くなった。

翌日、宿にあった観光マップで「ねむの木学園」が近いことを知り、行ってみることにした。二十分ほどだと言い、宿の仲居が車で送ってくれた。雨はまだ降って

いた。

「ねむの木学園」は、女優、宮城まり子さんが設立した、肢体不自由児のための療護施設だ。学園では、美術、音楽、茶道なども本格的に学ぶらしい。

雨のなか、「ねむの木学園」周辺を散策し、「ねむの木こども美術館どんぐり」で、学園の子供たちの絵を見ることにした。美術館の設計は、藤森照信氏と内田祥士氏で、これがなかなかユニークだ。いつだったか建築雑誌でその写真を見たことがあり、ここで出合えたのがうれしかった。いつもながら子供たちの絵には感動がある。美術大学などで、しゃかりきになってデッサンをやっていると、こういった子供の頃のエッセンスが失われていくのだろう。結果、ただ絵の上手いだけの人になってしまう。恐ろしいことだ。

「ねむの木こども美術館」のすぐ近くに「吉行淳之介文学館」もあったので見てまわった。ぼくは生前の吉行氏には一度もお会いしていない。大分前のことだが、ある日、「日本文藝家協会」から入会勧めの案内がきた。驚いたのは、推薦者に吉行淳之介の名前があったことだ（もう一人は尾崎秀樹《ほつき》氏）。

雨に濡れている「吉行淳之介文学館」の前で、そんなことを思い出しながら掛川駅へ向うバスを待った。

天童市《てんどう》（山形県）

かつて天童城のあった
舞鶴山、今はほとんど
遺構は見られない
山上に人間将棋の
広場がある

子供の頃から勝負ごとが苦手だった。つまり弱かったということで、ジャンケン、カルタ、カード（トランプ）と、はじめは勝っていても、結局最後には敗けた。そんなわけで、賭事はいっさいしない。最後に敗けるのがわかっているからだ。

今突然思い出したが、ニューヨークからの帰国途中、コペンハーゲンでルーレット賭博をやったことがあった。この時はめずらしく勝ちまくった。調子づいていてつづけていたところ、結局最後は一文無しになった。つくづくギャンブルの才はないのだなあとおもった。それでもこの街で一つ自慢がある。コペンハーゲンにあるチボリ公園でのイヴェントでライフルの射撃大会があり、何となく参加することになってしまった。ライフル銃はニューヨークの北にあるキャッツキルの森の狐狩《きつねが》りで、職場の仲間に誘われ遊んだことがあった。

このチボリ公園の射撃大会で、ぼくは的のど真んなかに命中させたのだ。その的を見た観衆からどよめきが起ったのを今でも覚えている。記念にいただいた的は今ぼくの手もとにある。

勝負ごとの苦手なぼくだが、唯一好きなゲームがある。将棋だ。ニューヨークで暮していた時も、よく東京から持っていった将棋で遊んだ。相手はコロンビアから家族で移って来たレイという若い中国人女性だった。いつもはレイと呼んでいたが、正式名はレイ・ドン・チャンといった。家族はサンフランシスコに住んでいたらしいが、レイは単身ニューヨークで暮していた。ぼくの職場（デザインスタジオ）はマンハッタンの五番街と六番街（ニューヨーカーは、アベニュー・オブ・コロンバスと呼ぶ）の間にあるブライアントパークビルの二十階にあった。レイはその一階にある「チョック・フル・オナッツ」というコーヒースタンドで働いていた。ぼくは職場のボスに頼まれて一日に何度となくコーヒーを買いに行くことがあり、そんなことからレイと親しくなった。ぼくは当時二十七歳、レイは二十四歳だった。

一〇〇ストリートのリバーサイド・ドライブ。ぼくのアパートはここにあった。リバーサイド・ドライブの車道を渡ると、リバーサイド・パークの草地がハドソン河に向ってゆるやかに傾斜している。レイと将棋をするのは、いつも休日のリバーサイド・パークの草の上だった。奇妙な木片で遊ぶぼくたちを、散歩途中の人たちがよく取り巻いた。

ぼくは桂馬での攻めを得意としていた。相手を追い詰め、終盤、玉を詰めに持っていく時の快感はたまらなかった。

レイの得意駒は銀だった。確かに銀は前に進んだり、斜めうしろにももどることができる。レイはこの銀という強い戦闘能力を持つ駒を実にうまく使った。何度となくやられている。

リバーサイド・パークで使っていた将棋盤は折りたたみ式の安ものだったが、それでも盤を打つ冷やかな音は今でも耳の奥に残っている。

マンハッタンの夕日は、ハドソン河の対岸、ニュージャージイ州の森に沈んでいく。大きくて、サンキストオレンジのような色をした夕日だった。ああ、今日も一日が終る。夕日を眺めながらよくそんなことをおもったものだ。レイも同じだっただろう。

ぼくのニューヨーク生活は二年と三ヶ月ほどで終った。帰国後、レイとは何度か手紙のやりとりがあったが、その後音信はぷっつりと途絶えた。今、部屋の本棚の隅に将棋の駒を入れた箱が置いてある。ほとんど開けることはないが、目に入る度にレイとの草の上での将棋や、二人で夕日を眺めた日のことが懐しく思い出される。

梅雨の明けたある日、山形市にあるアート系の大学で教授を務める友人から電話があり、彼のゼミに出て何か話してくれないかと頼まれた。すぐに引き受けた理由には、夜には美味しい日本酒を飲もうと誘われたこともあるが、何処か近くの城下町を歩いてみるのもいいなとおもったからだ。山形市そのものも最上氏の城下町だし、周囲には興味深い城下町が点在している。そんな時、ふっと将棋という文字が頭のなかをよぎった。日本で、将棋といったら天童だ。将棋駒のおよそ九五パーセントは天童市で作られているという。もともとは天童藩の、生活に困窮する下級武士の手内職としてはじめられたものらしい。今、日本での将棋の人気は高い。

天童市を歩いてみようとおもった。距離的にも、JR山形駅から山形新幹線でひと駅と近い。友人の大学での仕事が終った翌日の早朝、ぼくは天童市へと向ったのである。

JR天童駅には午前十時前に着いた。正直いって味も素っ気もないつまらない駅だった。いつものように観光案内所へ行き、ガイドマップをもらった。城下町らしいところを歩いてみたいと言ったところ、係りの女性は一瞬間をおいて首をひねった。そんなところは特にないという仕種のようだった。

勧められて行ったのは「天童市立旧東村山郡役所資料館」だった。ここには天童織田藩関係の資料を中心に、明治の文化を今に伝えるさまざまな資料が展示されていた。かつて天童城のあった舞鶴山の一角にあるなかなか重厚な洋風建築だった。東村山郡役所は明治十二（一八七九）年の十月に落成、昭和十六（一九四一）年に資料館となったのだという。設計者は不詳だが、一説によると天童藩の御用棟梁（宮大工）だった川俣作兵衛ではないかといわれている。個人的には第二展示室にあった幕末における天童藩悲劇の中老、吉田大八

関係の展示が興味深かった。

天童氏の祖は里見氏と繋がっている。里見といったら「南総里見八犬伝」で有名な安房《あわ》の里見氏が知られているが、清和源氏新田義重の子、義俊が上野国碓氷郡里見郷を領したことからはじまっているらしい。れっきとした源氏ということだ。

天童はもともと南朝勢力の北畠氏の拠点であり、北畠顕家《あきいえ》の子孫、北畠天童丸が領していた。天童の地名もおそらくここに由来しているのだろう。天童丸は斯波氏（後の最上氏）の圧力に抗しきれず津軽浪岡《なみおか》へ移り、その後に入った里見頼直が舞鶴山に城を築いて天童氏を称したというが、改姓がいつの頃からかは明らかになっていない。

斯波氏は、足利家氏が陸奥の斯波郡（岩手県紫波《しわ》郡）を所領としたことから斯波氏を称するようになったのをはじまりとしている。しかしはじめは足利氏を名のっており、斯波を名字にしたのは室町時代になってからのことだ。この斯波氏の一族が最上氏で、なかでも戦国期に活躍した最上義光が有名だ。

戦国時代の天童城の城主は天童頼久で、この人物も実は最上氏の一族らしい。頼久は米沢の伊達氏と結び「最上八楯《やつだて》」と呼ばれる楯主（豪族）を集め、最上義光に頑強な抵抗をみせている。舞鶴山に築かれた天童城（標高二四一・八メートルにあ

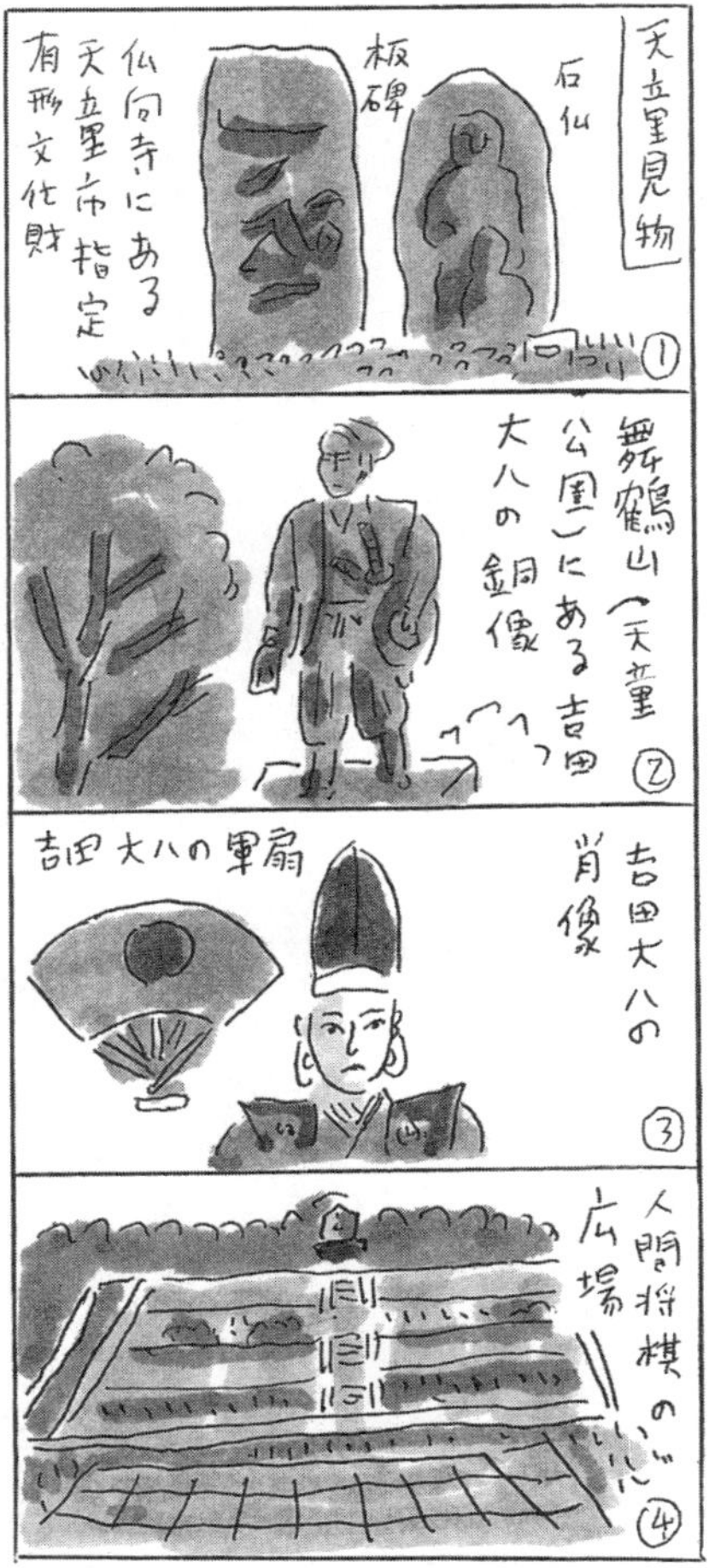

る山城）は天然の要害だったが、義光の調略により八楯の一角、延沢満延《のべさわみつのぶ》が離反したため呆気なく落城、天童城はその後廃城となった。現在は戦勝後義光が建てた愛宕《あたご》神社が本丸跡に鎮座するのみである。それにしても団結して義光に抵抗した「最上八楯」は興味深い。

最上八楯はいずれも最上氏の分族で構成されている。村山郡の北部から最上郡にかけての国人領主八家が天童氏を盟主に同盟を結んだ組織だ。最上義光が天童攻めを開始した時、八楯は盟主天童氏を援助、敗北した最上氏は和議に持ち込んでいる。最上義光はこの間、前述したように八楯の実力者延沢満延と婚姻関係を結び友好関係を築くと、天正十二（一五八四）年再び天童を攻め、天童城は落城した。これと同時に最上八楯は崩壊、八楯の主要氏族はその後最上氏に従っている。最上八楯の八家を記す。

天童氏（盟主で本拠は天童城）、延沢氏（本拠は延沢城。延沢銀山は今の人気温泉地、銀山温泉）、飯田氏（本拠は村山市）、尾花沢氏（本拠は尾花沢城）、楯岡氏（本拠は楯岡城）、長瀞《ながとろ》氏（本拠は長瀞城）、六田《ろくた》氏（本拠は山形市から上山《かみのやま》市、東村山郡）、成《なり》生《う》氏（本拠は天童市周辺）。

かつて天童城のあった舞鶴山周辺は天童公園になっている。城跡らしき雰囲気はほとんどない。毎年人間将棋が開かれる広場もこの公園にある。幕末、新政府軍と東北諸藩の間に立ち、和平に苦慮したにも拘《かかわ》らず、結局は奥羽越列藩同盟の恨みを買って自決させられた吉田大八の銅像が、虚《むな》しく夏の陽ざしを浴びていた。

吉田大八が自決に至るまでの天童藩のあがきには興味深いものがあるが、長くなるのでまたの機会にしたい。勤皇か佐幕かでゆれる幕末には、有能であるが故に責任を押しつけられて死んでいった家老級の人物は多い。山形藩における水野三郎右衛門などもその一人だろう。因みに幕末、天童藩は庄内藩によって完膚《かんぷ》無きまで壊滅されてしまう。庄内藩主酒井忠篤《ただずみ》でさえ、天童覆滅を知らされた時、「やり過ぎである」と叫んだほどだったというから相当にやられたのだろう。今、天童の町を歩いていても寺社はともかく、何処にも城下町らしさが見当らないのは、そんなことがあったからに違いない。

天童公園の一角に、織田信長を祀る建勲《たけいさお》神社がある。天下布武を目前に明智光秀軍により宿所にしていた本能寺を攻められ非業の死を遂げた織田信長が、舞鶴山（天童公園）の片隅の赤松に囲まれた建勲神社に祀られているのは何ともふしぎだが、それは天童に、織田家の子孫が天童織田藩主として居住していたからだ。

天童藩織田家は、信長の次男信雄《のぶかつ》からはじまっており、藩としては、信雄の四男信良を祖としている。信長亡き後、斜陽の道を歩んだ子孫は、上

織田信長を祀る建勲神社は
舞鶴山の中腹にある

野国小幡《おばた》藩から出羽高畠藩とわたり、天保二（一八三一）年に天童に陣屋を構えている。天童織田藩の初代藩主は信雄から数えて十代目の織田信美《のぶみ》になる。その後信《のぶ》学《みち》、信敏、寿重丸《すえまる》とつづくが、寿重丸がまだ幼少だったため信敏が藩主として再任され明治を迎えている。

わずか二万石の小藩だったので、台所は火の車だった。二代藩主信学は財政の悪化を立て直すため、安政二（一八五五）年、紅花《べにばな》の専売制を敷いたりしたが、さほどの効果はなかったという。

「裸裸足で紅花さしても織田に取られて因果因果」

よく意味がわからないがこんな俗謡まで唄われたりしたらしい。しかし信美は文久三（一八六三）年、藩校「養正館《ようせいかん》」（学長は吉田大八）を設け藩士の教育に努めている。ここからは多くの人材が育っており、なかでも天童藩士で、医師武田玄々の次男宮城浩蔵は、フランスに留学して法律を学び、明治大学の前身である明治法律学校の創立者の一人になった（他に岸本辰雄と矢代操）。明治大学といったら、今、最も入学希望者の多い大学といわれている。また明治期の天童は、自由民権運動の拠点でもあったらしい。その根底には小藩の貧しい蠢《うごめ》きがあったのかもしれない。旧東村山郡役所資料館で教えられ、かつて天童藩の陣屋があったというＪＲ天童駅に近い田鶴町に行ってみたが、それらしい遺構はまったく見当らなかった。田鶴町にあった天童南部小学校の教員室に行き尋ねてみたが、このあたりにあったというものの、今は何も残っていないようだった。校庭に出ると、柳の木の下に馬や銃の訓練場だったという碑が建っていた。おそらくこのあたりは藩士の練兵場だったのだろうとおもった。

タクシーで、「出羽桜美術館」や「広重美術館」などをまわった。出羽桜は山形県の銘酒で、ぼくは東京でもよく飲んでいる。「広重美術館」には歌川広重（一七九七―一八五八）の肉筆画が展示されている。それらは「天童広重」と呼ばれているらしい。

天童藩の家老吉田専左衛門は江戸詰だったが、狂歌の作家でもあった。広重も東海堂歌重と号して狂歌を好んでいたらしい。そんなことから二人は親交を持つようになった。藩の財政に日夜苦慮していた専左衛門はそれを救うため、広重に肉筆画を描いてもらい、裕福な商人や豪農に献金を募ったのだという。それにしても、広重は無料で描いたわけではないだろうし、専左衛門はどのような形で依頼していたのかちょっと興味がある。無料で描いていたのだとしたら、広重、なかなかの男だ。いずれにせよ広重の肉筆画は藩の財政を支える一助になっている。

「広重美術館」は天童温泉の中心地にある。この温泉は明治四十四（一九一一）年の五月、津山地区の西側の水田から湧き出したのだという。はじめはあちこちに掘立て小屋ができ、その頃は地名を取って鎌田温泉と呼んでいたらしい。

お昼になったので、通りにあった「手打水車生そば」という店で「元祖板そば」という蕎麦を食べた。江戸時代には、諸大名から将軍家への献上物として蕎麦を献じる大名がいくつかあったらしい。そんななか、天童藩も領地の名産として蕎麦を献上していたのだという。元祖というのはちょっと怪しいが、この店の蕎麦には何となく田舎のパワーが感じられた。温泉と蕎麦を楽しみたいという方には、ぜひ天童への旅をお勧めしたい。

温泉地といったら土産店だ。入った土産店では、こけしや将棋駒の製作を生で見せていた。将棋駒の製造は、木地師、書き師、彫り師、盛り上げ師の順で進められていく。ついつられて将棋駒を一セット購入してしまった。ぼくには、ついその場の雰囲気に飲まれてしまう悪い癖がある。

帰りの新幹線のなかで、ふと、フィギュアスケートの織田信成のことがうかんだ。彼が織田信長の血を引いているという話は歴史好きの友人から聞いていた。織田信成は、織田信長の七男、信高の子孫だという。信長から数えると十七代目になるらしい。いろいろあるんだなあとおもった。車窓を流れる米どころの水田の緑が眩《まぶ》しかった。

新宮市《しんぐう》（和歌山県）

新宮城（丹鶴城）の
魅力は石垣に
あり、といわれ
ている

小学生の頃「鞠《まり》と殿さま」という童謡が好きでよく口ずさんだ。作詞は西条八十で、作曲は中山晋平の黄金コンビである。歌詞の内容は、ついて遊んでいた手鞠が子供の手からそれて表の通りへ転っていくといったところからはじまる。手鞠の転っていった通りを大名行列が進んで来る。紀州の殿様のお国入りらしい。歌詞の三番目はこんな風だ。

てんてん手鞠は　てんころり
はずんでおかごの　屋根のうえ
『もしもし　紀州のお殿さま
あなたの　お国のみかん山

わたしに　見させて　くださいな
　くださいな』

手鞠は紀州の殿様に抱かれて旅をつづけ、光あふれる紀州の山のミカンになるといったところで終っている。

子供だったぼくは、この歌から紀州という土地を知った。こんな殿様がいるんだからきっと平和な国だろうとおもった。すっかり紀州（現・和歌山県）ファンになった。

中学生の頃、戦国期を仮定した国取りシミュレーションに凝《こ》った。ぼくが根城にしたのはいつも紀州だった。紀州さえ持っていれば勝てるという構想があった。紀州は前面が太平洋、うしろは険しい山地である。山岳兵をゲリラ戦に備え、海戦においては、紀伊水道に囮《おとり》の水軍を配し、敵水軍を引き寄せたところで三段壁などの洞窟に集めておいた主力水軍を出動させ、一気に壊滅に持っていくという作戦である。この作戦だと、敵は紀伊半島には一指も触れることができないというわけだ。もちろん今考えれば幼稚な子供の遊びである。

徳川家康は御三家として、水戸と尾張、そして紀州にポイントを置いた。江戸を本拠として、水戸、尾張、そして紀州を選んだところにぼくは家康の炯眼《けいがん》を感じている。水戸、尾張ときたら、岡山あたりでもいいはずだ。最後には紀州でと、家康がそう考えたとしたら、ぼくの考えにちょっと似ていてうれしくなる。

紀州という呼称は好きだが、ここからは和歌山県とする。ずっとファンだったぼくだが、はじめてこの地に足を踏み入れたのは四十も半ばの頃だった。仕事で京都へ通っているうちに親しくなった祇園《ぎおん》の女に竜神《りゅうじん》温泉に誘われたのだ。この温泉は美人の湯として知られており、中里介山の「大菩薩峠《だいぼさつとうげ》」で、眼を病んだ机竜之助が湯治をする温泉としても登場している。竜神温泉へはJR紀勢本線の紀伊田辺駅からバスで行った。宿は古く、何でも紀州藩主の御用宿らしかった。

その後熊野古道がユネスコの世界遺産に登録され、人々の目は和歌山県に注がれはじめた。仕事がらみではあったが、ぼくも和歌山県へ出かける機会が度々あった。興味もあったので熊野古道関係や紀州藩について書かれた書物もよく読んだ。そんななかに妙に気になる人物がいた。紀伊新宮藩の第九代当主（幕藩体制下では藩主として認められておらず、紀州藩の付家老《つけがろう》だった）水野土佐守忠央《ただなか》だ。

水野忠央は文化十一（一八一四）年十月一日、水野忠啓《ただあき》の嫡男として生れている。天保六（一八三五）年、家督を継いで紀伊新宮藩の当主となり、紀州藩主を補佐するようになる。まだ二十二歳である。野心家で策士家の忠央は、妹三人を大奥に送り込み、姉を第十三代将軍徳川家定の側室にするなどして（弟たちも幕府関係者の養子にし、実力者との縁組を実行している）大老井伊直弼《なおすけ》と通じている。彼にしてみれば、三万五千石という石高を領していながら、新宮藩が大名として認められていなかったため、大名に昇格させたいという野望があったのだろう。いずれにせよここまで政略を画策するとなると小気味のよさも伝わってくる。

将軍家定が病弱なことから嗣子がいなかったため、次の将軍をどうするか、徳川斉昭《なりあき》の子、徳川慶喜を推す一橋派と、忠央が幼少の時から補佐していた慶福《よしとみ》の擁立を押す南紀派に分れて対立した際にも、彼は井伊直弼の国学の師である腹心、長野義言《よしとき》（主膳）と手を結び、慶福（後の家茂）を第十四代将軍に擁立している。これには妹たちを送り込んだ大奥の力もあったらしい。

安政七（一八六〇）年、三月三日、桜田門外の変で井伊直弼が暗殺される。この事件により一橋派や反井伊派が勢力を盛り返すと、直弼の与党であった忠央も失脚。家督を嫡男の忠幹《ただもと》に譲ると、強制的に隠居を命じられることになる。以後、忠央は二度と政界に復帰することはなかった。元治二（一八六五）年二月、彼は享年五十二（満五十歳）で新宮城中にて没している。

野心家、策略家、陰謀家と、専制的な面の目立つ忠央だったが、反面文化人としての面も持っており、早くから蘭語や英語、フランス語などの原書の多くを翻訳させたり、洋式砲術や造船、操船の研究、さらに他藩に先がけて兵制も西洋式に改めさせ、騎馬訓練なども怠《おこた》ることなく命じ、蝦夷《えぞ》地開発調査を実行、指揮していたというから当時としては聡明で時流を見据えた人物でもあったのだ。

特筆すべきは、忠央は、歴史や記録、歌集、物語などを綴った「丹鶴《たんかく》叢書」（一七一部一五四冊）という膨大な蔵書を作り上げているということだ。この書籍は、水戸藩の「大日本史」や「群書類従」と並んで江戸三大名著として高く評価されている。

政敵だった吉田松陰でさえこんな言葉を残している。

「関東に二奸あり、曰く閣老堀田備中守、曰く水野土佐守（忠央）なり……水野奸にして才あり、世頗《すこぶ》る之をおそる」

松陰をしてこういうことを言わせる水野忠央という人物、不世出の策士といっていいだろう。因みに忠央が熱望していた新宮藩が立藩されたのは、明治元（一八六八）年からで、翌年六月版籍奉還、忠央の嫡男忠幹が、新宮藩第十代藩主として新宮藩知事に任命されている。

九月、新宮市を訪ねたことには奇妙なきっかけがあった。ぼくが主催している（それほどオーバーなものではないが）集りに「スパイスクラブ」というカレーを食べる会がある。仕事関係を含め、若い連中十人ほどでインドレストランでカレーを食べる会なのだが、変っているといえば、いつも日本酒を持ち込んで、カレーを肴に日本酒を飲むところだ。奇異におもわれる方が多いかとおもうが、これが意外や意外、カレーに日本酒は実に合うのだ。

カレーの会で、一人の女性がパワースポットを話題に出した。パワースポットは今若い女性に人気なのだという。

「水丸さんの夏以後のパワースポットは和歌山県ですよ。熊野本宮大社、熊野速玉《はやたま》大社、熊野那智大社、この三つは絶対行かれた方がいいですよ。凄いパワーがつきますよ」

どうもオカルト的なことには興味がない。

本丸跡から
見た熊野川
真んなかの平たい
ところに炭納
屋があった

「熊野っていったら、世界遺産になった熊野古道は歩いたことがあるよ」

ぼくは言った。

「きちんと熊野本宮にお参りしました？」

「うん、十円くらい賽銭投げたけどね」

「駄目ですよ。少なくとも五百円玉」

スパイスクラブの女性は元気がいい。彼女たちがいっせいにパワースポットを囃《はや》し立てた。

「そんなに言うなら行ってみようかな」

ぼくは久しぶりに和歌山県の土を踏んだのである。パワースポットはともかく、一番の目的は、水野忠央が付家老を務めていた丹鶴城（新宮城）跡を見ることにあった。

和歌山へは羽田空港から飛行機で飛び、南紀白浜空港からバスでＪＲ紀伊田辺駅へと向った。紀伊田辺駅前広場には、長刀《なぎなた》を構えた武蔵坊弁慶の銅像がある。ここは弁慶が生れた土地だと伝えられている。

まず紀伊田辺駅からバスで熊野本宮大社に向いお参りした。小雨が降り出してきた。世界遺産やらパワースポットのためか、若い女性の観光客が多い。

バスで熊野那智大社に向い、これも世界遺産だという那智大社に参拝、八咫烏《やたがらす》が石に姿を変えたという烏石や樹齢八百五十年という大楠を見たりした。因みにサッカーの日本代表チームの烏のマークは、この八咫烏に由来している。

那智の大滝を見るのは三度目だった。この滝は日本三大名瀑の一つとされている（他は日光華《け》厳《ごん》滝と袋田滝）。一直線に落ちる那智の大滝はいつ見ても潔く気分がす

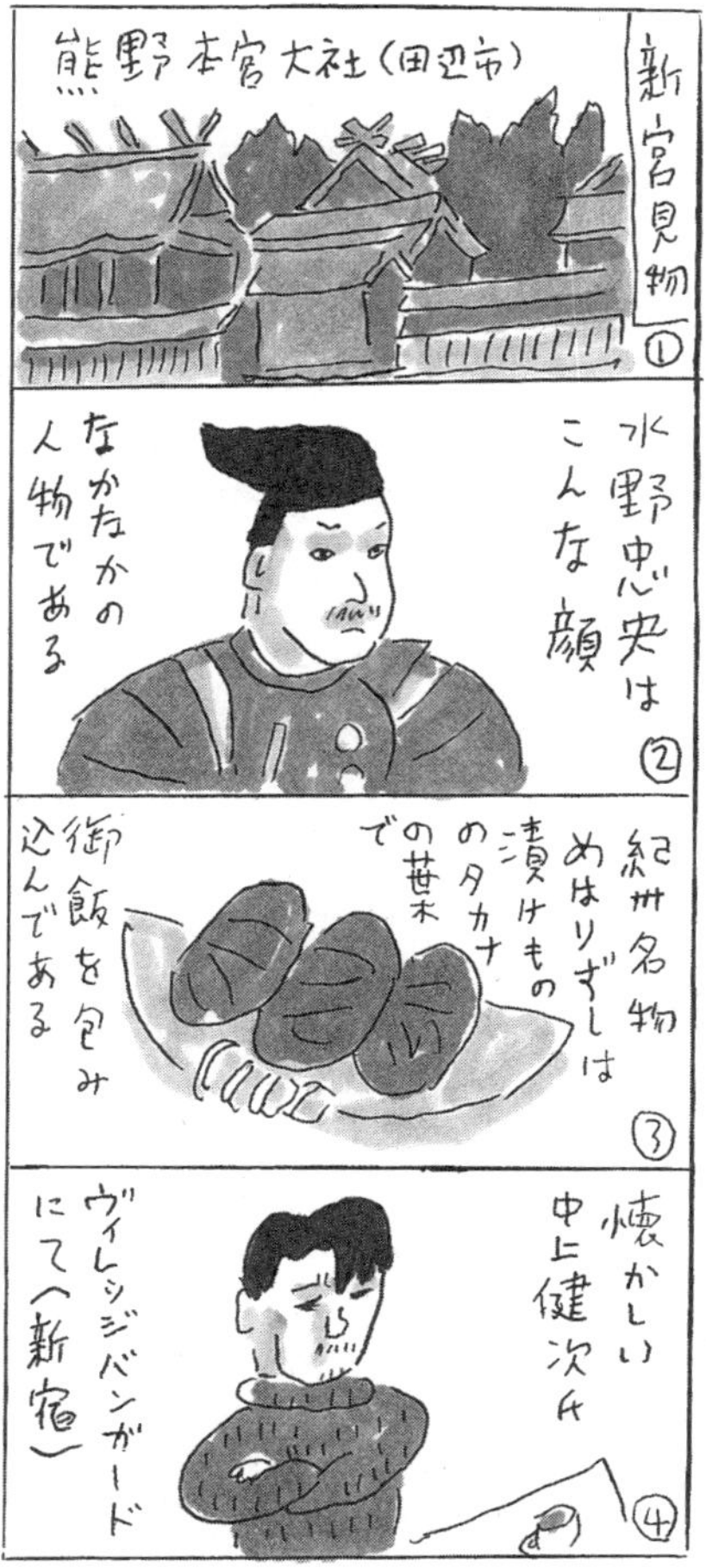

っきりする。

その夜は勝浦港に浮かぶ島にあるホテルに泊った。

翌朝、ＪＲ紀伊勝浦駅から紀勢本線でＪＲ新宮駅に向った。駅前広場に、「鳩ぽっぽ」や「お正月」などを作詞した東《ひがし》くめの歌碑があった（作曲は滝廉太郎）。この人は新宮の生れで、日本で最初の口語体による童謡を作った人だという。新宮出身の文化人としては、文豪佐藤春夫や、「文化学院」を創立した西村伊作などがいるが、やはり今の人にとって新宮といったら中上健次の名がすぐにうかぶだろう。中上健次は昭和二十一（一九四六）年に新宮に生れている。戦後生れの作家としてははじめて「岬」という作品で芥川賞を受賞（一九七六年）した。作品の大半は熊野が舞台になっており、「枯木灘」など優れた作品を発表していたが、平成四（一九九二）年、腎臓癌に侵され死去している。四十六歳の若さだった。

彼はモダンジャズが好きで、新宿にあったヴィレッジバンガードによく顔を出していた。ぼくも数回見かけたことがあった。いつも腕を組み目を閉じて聴いていた。

丹鶴商店街や駅前大通り商店街を散策したが、特に何があるわけでもないし城下町の風情もない。西村記念館や徐福《じょふく》公園を見る。徐福は今から二千二百年前、中国を統一した秦《しん》の始皇帝の命を受けて、不老不死の霊薬を求めて童男童女三千人と共に船でこの地に辿りついたのだという。彼は熊野の山地に自生する天台烏薬《てんだいうやく》という薬木を見つけたらしいが、二度と大陸にもどることなく、農耕や捕鯨、紙漉《す》きの技術などを伝え没したという。始皇帝も罪な男である。

熊野速玉大社（世界遺産）に参拝し、摂社である神倉神社へと歩いた。

熊野速玉大社の参道には巨大なナギの木がある。ナギはマキ科の常緑高木だ。高さ約一八メートル、幹周り約四メートル、樹齢八百余年とされるこの国指定天然記念物のナギは、一説によると平清盛の嫡男重盛が植えたと伝えられている。

熊野速玉大社から神倉神社まで歩く。また小雨が降ってきた。途中別当屋敷町の家並みを歩いた。城下町らしき家並みはほとんど見られない新宮で、わずかにそれらしい雰囲気を感じさせられる通りだった。雨が強くなった。

雨のなか、神倉神社の拝殿までつづく自然石を積み上げた石段を上った。何でも源頼朝の寄進の

那智の三重塔と滝

石段らしい。滑《すべ》りそうでかなりきつい石段だった。

山上には朱塗りの拝殿があった。驚いたのは、その上に拝殿を押し潰しそうにある巨岩だった。ゴトビキ岩というらしい。原始信仰というものだろうが、これを現代風にみるとパワースポットになるのだろうか。要するにパワースポットというのは薄気味悪いところに宿っているのかもしれない。

ＪＲ新宮駅にもどり、いよいよ丹鶴城跡へ向った。タクシーの運転手に告げると「めずらしいですね」と返ってきた。あまり行く人がいないらしい。

新宮市は熊野川の河口の西側に位置し、熊野三山の一つ、熊野速玉大社の門前町として盛えてきたエリアだ。また熊野本宮大社への入口であり、熊野川の舟運を利用した木材などの集散地でもあった。市制施行により新宮市が発足したのは、昭和八（一九三三）年だという。

雨に濡れた丹鶴城の石段を上った。なかなかしっかりした石垣で築かれている。紀州藩の付家老としてこの城にあり、何とか新宮藩を成立させたいというおもいが叶わなかった水野忠央の無念をおもった。膨大な「丹鶴叢書」の編纂や彼の才気の発露は、こういった無念の情から生れたのかもしれない。彼の政治家としての動きを考えてみると、現代に通じるものがある。

丹鶴城跡は、熊野川を背にした高台にある。平山城だ。東に河口を越えて太平洋を一望できる。そのため沖見城とも呼ばれていたらしい。わずか三万五千石の水野氏の城だが、残された城壁などからは、十万石に匹敵する城が推測できる。この高台には、築城前、丹鶴姫が建立し、晩年を過した東仙寺という寺があったことから丹鶴城の名で呼ばれるようになったという。ほとんど知られていないが、丹鶴姫

新宮見物
徐福公園にある徐福の石像
わたしは新宮が気に入った
①
八咫烏のおみくじ
おみくじは「吉」だった
熊野速玉大社にて
②
熊野速玉大社の摂社
神倉神社の岩がすごい
③
動いている感じだ
島全体が沼に浮いている浮島の森
④

は、鎌倉幕府を開いた源頼朝や、平家を壇ノ浦で壊滅させた源義経の叔母に当る女性である。丹鶴姫の弟は、源平合戦談によく名前の出てくる新宮十郎行家だ。弁舌巧みな人物で一般的には人気がないが、平家を滅ぼした功労者としては、「頼朝第一、義仲第二、行家第三」と称されてもいるらしい。

新宮城(丹鶴城)は元和四(一六一八)年、浅野忠吉によって築かれた。忠吉は、藩主である浅野幸長より二万八千石を分封され丹鶴山に築城を開始したが、翌年備後三原に移封、その後、徳川頼宣が紀伊和歌山城に五十五万五千石の太守として封ぜられた際に、付家老として水野重仲が遠江浜松より三万五千石で入り築城を継続、三代重上の時に完成を見ている。

新宮城はさほど大規模ではないが、重厚な石垣で築かれており、南紀地域では随一の城といっていい。

本丸跡に立ち熊野川を眺めた。雨がさらに強くなった。熊野川の流れが灰色に沈んで見えた。この旅でぼくはパワーを得たのだろうか。そんなことをおもった。人影のない丹鶴城の石段を下った。

西尾市《にしお》（愛知県）

野球というスポーツを知った小学生の頃より中日ドラゴンズのファンである。ぼくは生れも育ちも東京で、ドラゴンズのホームグラウンドである愛知県にはまったく縁もゆかりもない。少年期は圧倒的な巨人ファンのなかで孤軍奮闘の日々だった。勝てばあれこれと嫌みを言われたし、敗けたと言ってはからかわれた。

ぼくは挫《くじ》けなかった。今、甘やかされて育った割に我慢強いのは、ドラゴンズファンだった故に培《つちか》われたものだろうとおもっている。

中日ドラゴンズがペナントレースを勝ち残り、西鉄ライオンズ（現・

西武ライオンズ）を日本シリーズで破り、球団はじまって以来初の日本一に輝いたのは昭和二十九（一九五四）年だった。魔球と称された杉下茂投手（中日）のフォークボールが話題になった。ぼくは小学六年生だった。そんな折り、家のあった赤坂の一ッ木通りの縁日（四と六の付く日に縁日が立った）で見つけたのがドラゴンズナインの優勝の寄せ書き（サイン）入りの皿で、ぼくはなけなしの金を叩いてそれを購入した。今でも大切にしている。

因みに、その後同じ縁日でドラゴンズの七宝《しっぽう》焼きのバックルも見つけ、手に入れた。両方共ぼくの宝物である。

何故子供の頃から中日ドラゴンズなのか、理由はいろいろある。訊かれる度に適当に辻褄を合わせているが、おそらく一番の理由としては、子供の頃から病弱な体質だったことがある。南房総で転地療養をしていたほどだった。そんなところから強い肉体を誇示する人間への反発が生じ、アンチ巨人になり、そこへ一矢《いっし》報いる拠《よりどころ》として中日ドラゴンズが存在したのだろうとおもっている。

作家の嵐山光三郎（巨人ファン）がいみじくも言った言葉がある。

「水丸みたいに東京生れで東京育ちのくせに中日なんかを応援するってのは、心がねじ曲った子供だったたって証拠だ」

図星である。ぼくはこの言葉が大好きだ。

岩瀬仁紀《ひとき》という投手がいる。通算セーブ記録を持つ中日ドラゴンズの投手だ。ある時岩瀬投手について調べていたところ、愛知県の西尾市出身であることを知った。県立西尾東高校時代、県大会でノーヒットノーランを記録している。愛知大学へ進み、一年から外野手としてレギュラー出場しており、一九九五年の愛知学院大学戦では一試合三本塁打を打っている。卒業後はNTT東海に入社、一九九八年のドラフトでは中日ドラゴンズを逆指名、二位で入団した。

ドラゴンズに関してはここでペンを置くとして、ずっと気になっていたのは、岩瀬投手の出身地西尾市のことだった。西尾は「三河の小京都」といわれ、戦国時代以降城下町として栄えた西三河南部の中心的な市だ。近くには「人生劇場」で知られる小説家尾崎士郎の生誕地や、「忠臣蔵」でのヒール、吉良上野介や侠客、吉良の仁吉の墓所などもある。しかしそのあたりが意外と知られていないのもいい。ぼく好みである。そしていつか行ってみたいとおもっていた西尾への旅をついに決行した。

朝、東京からJR東海道新幹線で名古屋に出た。西尾へはここから名鉄西尾線に乗り替える。西尾駅へ着いたのはお昼少し過ぎ、いつものように観光案内所で市内の地図をもらい駅近くのレストランでランチ（ピザ）をとった。

向ったのは花ノ木という町にある映画館「西尾劇場」だった。ここはＴＶのＷＯＷＯＷの映画番組「Ｗ座からの招待状」で知った。ひと昔前は何処の町にも映画館はあったものだが、このところすっかり姿を消している。そういった意味でも西尾劇場は見ておきたかったのだ。建物は木造二階建てで、正面にはモルタル仕上げの衝立《ついたて》状の外壁が付いている。かつてはエノケンや美空ひばりが舞台を飾ったという。今は映画館として営業しており、正式な名称は「西尾東映劇場」だ。なかでは子供相手か、駄菓子なども売られている（現在は閉館）。

外から劇場の正面を眺める。さびれた感じから哀愁が漂ってくる。アメリカの写真家ウォーカー・エヴァンスの写真のような光景だ。

駅前から西尾城跡のある「西尾市歴史公園」へと向う。

西尾市は、愛知県の中央を北から南へ流れる矢作《やはぎ》川流域の南端にある。抹茶の生産地として知られているという（ぼくは知らなかったが）。古代においては、市の中心部（八《や》ツ面《おもて》山の西側）の地域は幡豆《はず》郡熊来《くまき》郷と呼ばれていたらしい。西尾の地名がはじめて歴史に現れたのは、吉良氏が今川氏に反乱を起した際に今川義元が発した書状からだという。

西尾市歴史公園の一角にある西尾市資料館に入る（無料）。展示物のなかでは、大給《おぎゅう》松平氏の家臣の具足が興味深かった。兜の前立てに西尾藩の旗印「葵」という文字を付けているところを見ると、かなり上級の家臣のようにおもえた。入口にあるガラスケースには西尾のオリジナルアートとでもいうのか、三河の一刀彫りや吉良の赤馬、鶴城《つるしろ》焼きの器などが展示されていた。吉良の赤馬は、三河吉良の領主だった吉良上野介義央《よしなか》が愛馬に乗って領内の治水事業を巡視している姿を、郷土玩具にしているのだという。

因みに忠臣蔵で知られる日本を代表するヒール、吉良上野介は、地元では名君として親しまれている。吉良氏は鎌倉時代からの御家人で、武士としてつづく家柄だ。驚くことは、吉良邸討ち入りから三百年間、平成の最近まで、吉良町内での忠臣蔵の上演は町民総意のもとに禁止されていたというのだ。三河人の律儀さといっていいだろう。

資料館を出ると眼下にお堀があって、そこから立ち上る石垣上に西尾城の本丸、丑寅櫓《うしとらやぐら》が聳えていた。櫓のなかに入り最上階へ上ると、西尾の城下が広く展望できる。名鉄西尾駅の前を流れるみどり川に架る三条橋近くでは、四と九の付く日に朝市が立つらしい。四と九で「よくばり朝市」として市民に親しまれている。みどり川は流れに沿って桜が植えられており、春には人気の花見スポットになるという。

本丸丑寅櫓を出てすぐ右手に御剣《みつるぎ》八幡宮がある。ここには北条政子より賜った源氏の宝剣、「髭切丸《ひげきりまる》」が納められている（ぼくは見ていない）ことからこの名称が付いたのだという。この八幡宮は歴代の城主に崇敬されてきたらしい。

西尾城下の歴史に触れてみたい。

西尾城は、承久の乱で功績のあった足利義氏が三河国の守護に任命されたあたりからはじまっている。城の創建もその頃らしい。守護職は足利氏の傍流に受け継がれていくわけだが、当時の城の名称は西条城といった。この城のある吉良荘は、義氏と管理権を任された長男の長氏によって統治されていた。長氏は吉良を姓とし、吉良長氏と名のった。当時の文書には、長氏が西条城に在城し管理していたことが残されている。

応仁の乱以後、吉良氏の勢力は徐々に衰えていく。戦国期に入り、西条城は今川氏系の牧野貞成に明けわたされている。

永禄三（一五六〇）年、桶狭間で今川義元は織田信長の奇襲に遭い敗死、永禄四（一五六一）年、自立した徳川家康は牧野貞成の守る西条城を攻め、功のあった酒井正親へ城を与えている。正親は徳川家臣団のなかで家康からはじめて城主に任命された人物だという。正親はこの時西条城を西尾城と改名している。

敗走した牧野貞成という名前は、資料によっては貞成の他、成定、成守などと記されている場合があり、この三つの名は同一人物ではないかという説もある。いずれにしても謎めいた人物だ。因みにこの牧野家は後に徳川譜代の大名に列しており、そのあたりから考えると、なかなかしぶとい一族である。

家康によって西尾城の城主についた酒井正親は、家康が人質として今川氏に送られた際には行動を共にしており、家康が誕生した時の臍《へそ》の緒を切る「御胞刀」の役も務めている。松平清康（家康の祖父）、広忠（家康の父）、家康と、三代にわたって仕え、広忠の死後は岡崎衆の先頭に立ち幼君家康を守ったというから、まさに功臣中の功臣だ。家康が家臣の誰よりも先に城を与え、城主に選んだ気持がよくわかる。

天正十八（一五九〇）年、正親の子、酒井重忠が家康の関東移封に従うと、西尾城には、三河岡

鍮石門は藩庁である二之丸御殿
に至る表門だった

崎城主田中吉政が入っている（吉政は岡崎城主と兼任）。

関ヶ原の戦いの後、豊臣系の大名の多くは家康により西国に移封され、西尾城には慶長六（一六〇一）年二月、下総小篠《しもうさこざさ》から本多康俊が二万石で入った。これが西尾藩の立藩となっている。

西尾城が城下町を囲む「総構え」の体裁を企てたのは、寛永十五（一六三八）年に下野山川藩から入った太田資宗《すけむね》（三万五千石）の時で、その後、上野安中藩から入った井伊直好（三万五千石）により工事が受け継がれ、二十年経って完成している。

西尾の城下町の特色は、周りを堀と土塁で取り囲んでいることで、他の地域から城下に入るには、「西尾五か所門」と呼ばれた五つの通用門だけだった。門の名前だけを記しておく。

追羽《おっぱ》門、天王門、須田門、丁田《ちょうだ》門、鶴ヶ崎門、これが五か所門になる。城下町内には、侍、商人、百姓が混在していたという。しかし城下町が本格的に賑わうのは、大給松平家が入城した明和元（一七六四）年頃からだった。

本多康俊によって立藩された西尾藩だが、例によって人事異動は頻繁で、城主は目まぐるしく代っている（廃藩になり天領となったことが二度ある）。

五代藩主井伊直好は、関ヶ原の戦いで敵中突破を決行した島津義弘を追いつめた井伊直政の孫になる。あまり知られていない六代藩主増山正利（二万石）の姉、お蘭（お楽の方）は、第四代将軍徳川家綱の生母だ。正利は家綱の教育係を務めた人物で、その縁から大名に取り立てられたのかもしれない。

八代藩主土井利長（二万三千石）は、江戸幕府の老中、大老として前期幕政を主

導した土井利勝の三男になる。

西尾藩主が安定したのは、出羽山形藩から入封した大給松平家の松平乗佑《のりすけ》（六万石の表高だが、西尾だけでは二万七千石しかないため、差分は越前国内に与えられている）からだ。以後四代松平家がつづき明治を迎えている。

大給松平家の大名はいくつかあるが、西尾の大給松平家が嫡流だという。松平乗元が三河荻生《おぎゆう》に住んだことから大給松平を称しているらしい。

大給松平家で出色の人物といわれているのが佐倉六万石の松平乗邑《のりさと》で、八代将軍徳川吉宗の抜擢で老中として活躍している。NHKの大河ドラマ「八代将軍 吉宗」では阿部寛が松平乗邑に扮していた。乗邑は出世に従い、鳥羽、伊勢亀山、山城淀、下総佐倉と移り、つぎの乗佑（乗邑の次男）が出羽山形を経て三河西尾に入ってきたというわけである。

西尾市歴史公園内には、摂家筆頭として左大臣を務めた近衛忠房邸に、夫人の縁で島津家によって江戸期に建てられた旧近衛邸（入館無料）や、古くは「中柵門」と呼ばれ、西尾藩の藩庁だった二之丸御殿に至る鍮石《ちゆうじやく》門などがしっかりした形で残っている。鍮石というのは真鍮の別名だという。

公園を出て、近くにある尚古荘やその一角にある東之丸丑寅櫓跡を見た。大手門跡から中町通りを歩く。このあたりは町屋が多く、江戸期には武士たちの消費生活を支えていたらしい。

中町通りから一本東側にある肴町を歩いた。ここは七月中旬に開かれる西尾祇園祭で町の人々による大名行列がよく知られている。肴町の大名行列は、正徳年間（一七一一―一六）にはじまったといわれ、当時行列への参加者は総勢八十一名という記録が残っている。時の城主、土井利意《としもと》の粋なはからいに、町人たちは大喜びだったというが、そんなに大名行列などしたいものだろうか。

肴町と瓦町の手前を右折すると天王町通りになる。そのまま前進すると順海町に入り、その裏手に足を踏み入れると、まさに江戸期の路地がそのまま残っている。重なり合った唯法寺《ゆいほうじ》の甍《いらか》が実に美しい。順海町の町名は唯法寺の僧、占部《うらべ》順海からきているらしい。

路地を抜けると天王門跡に出る。ゆるやかな坂は天王門坂と呼ばれており、その前方には伊文《いぶん》神

江戸期のムード漂う順海町の路地

社があった。ここは歴代の西尾城主や一般町人の厚い信仰を集めていた神社だという。今は果してどうなのか、境内は森閑としていた。

また肴町に出て、西尾市岩瀬文庫まで歩いた。岩瀬文庫は肥料商だった岩瀬弥助が私財を投じて独力で設立した私立図書館だ。洋風レンガ造りの建物は、大正八（一九一九）年頃のものだという。

陽が西に傾き、この日の宿と決めている西浦温泉へと、西尾駅から名鉄西尾線に乗り、吉良吉田駅で名鉄蒲郡《がまごおり》線へ乗り替えた。西浦駅に着くと海からの風がつめたかった。宿は三河湾に面していた。

西尾駅と吉良吉田駅間には、吉良上野介義央の墓所のある華蔵《けぞう》寺、二代目広沢虎造の浪曲で知られる吉良（太田）仁吉の墓のある源徳寺、「人生劇場」を書いた吉良出身の小説家尾崎士郎の記念館などがある。それらは翌日の楽しみにした。

西尾は、今や忘れられた城下町といっていい。ここが徳川家にとって、どのような価値があったのか今一つぼくにはわからない。忘れられた城下町と書いたが、ぼくはそんな西尾が好きだ。三河湾を近くに、矢作川と矢作古川にはさまれ、ほっこりと佇んでいる風情が何ともいい。

西尾が抹茶の生産地であると前述したが、その起源は文永八（一二七一）年に実《じつ》

相《そう》寺の開祖聖一《しょういつ》国師が宋から茶の種を持ち帰り、境内に蒔《ま》いたことからだという。今やさまざまな原料にもなっている。

もうすぐ春だ。茶摘みの季節にでもまた訪ねてみたいとおもった。

大洲市《おおず》（愛媛県）

何処かお城の
模型のような
大洲城
まだ新しいからだろうか

とにかく子供の頃から絵を描くことが好きだった。当時の少年雑誌で人気のあったのは絵物語という分野で、漫画もさることながら、ぼくは絵と話が合体した（漫画も同じだが）絵物語に強烈に魅せられていた。絵物語は紙芝居に近いものだ。「少年王者」、「荒野の少年」、「少年ケニヤ」の山川惣治はこの絵物語作家の大スターだった。他に「大平原児」の小松崎茂も山川惣治のライバル的存在として活躍していた。

　話が少し逸《そ》れるが、ぼくはニューヨークから帰国して間もなく平凡社という出版社に途中入社し、「こども世界百科」なる子供向けの図鑑のデザインを担当させられた。この図鑑には子供のための読み物が随所にあって、そこには絵も入れていた。ある日編集長に「ジャングルブック」と「ロビンソン・クルーソー」の絵を誰に頼もうかと相談された。咄嗟《とっさ》にうかんだのが、「ジャングルブック」は山川惣治、「ロビンソン・クルーソー」は小松崎茂だった。編集長は納得してくれたものの、二人はすでに現役の人ではなかった。何とか過去の紳士録で連絡先をつきとめ二人を訪ねた。山川惣治には「少年王者」を、小松崎茂には「大平原児」を持参し、サインをいただいた。小学生の時、母に買ってもらった二冊だった。

二人からさまざまな現役時代の話を伺えたのはぼくの宝になっている。小松崎氏が全盛期に描いた「大平原児」のページをめくりながら呟いた言葉は、今でも時々思い出す。

「ワタナベ君（ぼくの本名）、ふしぎだなあ、絵は歳とれば上手くなるってもんじゃないんだねえ。ぼくはこの頃が一番上手かったなあ」

人には一番ノッテいる時期があるんだなあとおもった。

話をもどす。

そんなこんなで、よく話を作り絵を描いて遊んだ。なかでも友だちに見せても評判がよく、自分でも気に入っていたのが「七本の槍」という時代ものだった。話はいわゆる真田十勇士の亜流で、関ヶ原の合戦で敗れた西軍の各藩から流れ出た七人の浪人たちが、反徳川というところから意気投合し、家康を苦しめるといった物語だ。見どころは彼らがそれぞれ槍の名人という設定だった。関ヶ原崩れの浪人たち、西部劇によく出てくる南軍崩れといったあたりも頭のなかにあった。宝蔵院流で知られる十文字槍、片鎌槍、柄《つか》の短い手突槍と、それぞれを得意とする人物を自分なりに考えて作った話だが、友人たちに人気があったのは七人のうち淡路流を得意とする成清《なるきよ》という小柄な足軽上りの男だった。淡路流の槍は穂先が短く、掌で摑むとほとんど敵には見えなくなる。構えたところは棒か竿といったように相手には見える。敵が油断したところに穂先が掌から飛び出し、咽《のど》もとに突き刺さるといった魔のごとき俊敏な槍なのだ。

淡路流の名人成清を考えたのは、誰が読んだのか家にあった子供向けに書かれた中里介山の「大菩薩峠」からだった。この小説で淡路流を得意とするのは米友という身分の低い男だ。

それにしても「七」という数字はふしぎだ。七福神、七転八倒、秋（春）の七草、七言、七歩の才、七高僧、北斗七星、黒澤明監督の「七人の侍」と、決めの数字として使われている。ぼくが「七本の槍」なる話を考えた原点には、あの賤ヶ岳の合戦での賤ヶ岳の七本槍があった。この合戦は本能寺で倒れた織田信長の後継を競って羽柴秀吉と柴田勝家が対峙した戦さだ。勝利した秀吉は功名のあった七人の名を挙げている。福島正則、加藤清正、加藤嘉明、脇坂安治、平野長泰、糟屋《かすや》武則、片桐且元《かつもと》の七人だ。このなかで一番有名なのは加藤清正で、そのつぎが福島正則、他の五人は当時ほとんど知らなかった。福島正則などは、「脇坂ごときと同列にされるのは迷惑だ」と言ったそうだが、「あんな奴と一緒にされたくない」といった気分はある意味現代的だ。まあいろいろあるだろうが、七人のなかでぼくの感性が一番反応したのは、脇坂安治という名前だった。彼の素性は謎めいているが、賤ヶ岳の戦いでも、柴田勝家軍の柴田勝政（佐久間盛政の弟で柴田勝家の養子）を討ち取ったという説もあるし、戦いに敗れ敗走する勝家の馬印「金の御幣」を掲げ、身代りになって果敢に応戦した毛受勝照《めんじょうかつてる》に止めを刺したのも脇坂安治だといわれている。徳川政権になって七本槍の七人のうち三家系が御家取り潰しになったが脇坂氏はしっかり残り、やがて譜代扱いになっているところをみると、政治家としてもなかなかのものがあったようにおもえる。目立たないけれど、命ぜられたことはきちんとやってのけ、時には死をも恐れない。今の会社ならちょっと嫌な奴だったのかもしれない。日頃は仲間ともそつなくつき合うが、いざとなると損得に走ってしまう。事実安治は関ヶ原の合戦でもはじめは西軍にいたものの東軍有利とみるや、あっさり東軍に寝返っている(はじめから藤堂高虎より工作を受けていたともいわれるが)。その時寝返った他の三武将、朽木元綱、小川祐忠、赤座直保らと異なり、脇坂氏だけは所領を安堵されている。見事な寝技師といっていい。

しかし脇坂安治はただ狡《ずる》がしこく世のなかを渡ってきただけの男ではない。ここぞという時の彼は勇将の姿も見せつけている。安治の素性は謎めいていると前述したが、彼は天文二十三(一五五四)年、脇坂安明の長男として近江国浅井郡脇坂庄で生れている(異説として田付孫左衛門の息子とも伝わる)。はじめは浅井長政に仕えていたが、やがて織田家に属し、明智光秀の与力として黒井城の戦いなどで功を立てた。

黒井城の戦いとは、安土桃山時代に織田信長の命を受けた明智光秀などが、丹波国征討を目的に行った赤井氏の堅城黒井城への攻城戦だ。天正三(一五七五)年と同七(一五七九)年の二度にわたって行われている。

黒井城主赤井直正は通称悪右衛門、丹波の赤鬼と恐れられた猛将で、さんざん明智軍(織田軍)を苦しめる。この時赤井直正は不治の病に冒されていた。そこへ単独で降伏を勧めに出たのが脇坂安治だった。直正は安治の勇気ある態度に感動し、世に響く赤井家の家宝、貂《てん》の皮で作った槍の鞘《さや》を贈った。安治はこれを持ち帰り、以後「貂の皮」は脇坂家の家宝として知られるようになる。その黄色の毛並みの鮮やかさは、大名行列でも一際庶民の目を引いたという。「貂の皮」といえば、それだけで脇坂氏の代名詞であり、初代安治からずっと世襲されるようになる。

脇坂安治自身は十文字槍を得意としていたらしい。この話をくわしく知りたい方には、司馬遼太郎の短編集「馬上少年過ぐ」（新潮文庫）に収録されている「貂の皮」をお勧めする。

今回ぼくが伊予の城下町大洲を選んだことには、ここを脇坂安治が居城としていたという理由があった。

脇坂安治が淡路国洲本《すもと》藩より五万三千五百石で伊予大洲藩に移ってきたのは慶長十四（一六〇九）年九月のことだ。江戸時代初期の大洲は、藤堂高虎の所領で、大洲城主としては、丹羽長秀の

NHK連続テレビ小説「おはなはん」の口ケ地「おはなはん通り」

子で、高虎の養子の藤堂高吉が在城していた。高虎は慶長十三（一六〇八）年に伊勢国津藩に転封となったが、大洲はそのまま高虎の預りの地だった。そして翌年の九月に脇坂安治が加増されて入封して立藩したのだ。安治の大洲藩は二代安元の時、信濃飯田藩に転封となる。元和三（一六一七）年のことだ。

脇坂氏の去った後、伯耆米子藩より加藤貞泰が大洲藩に入った。加藤家には好学の気風があり、藩もこれを奨励し、文武両道を藩風とした。初期の加藤大洲藩より、儒学者中江藤樹が出ている。またこの藩は勤王の気風が強く、早くから藩論は勤王で一致していた。このことは全国的にも有名で、慶応四（一八六八）年の鳥羽・伏見の戦いでも小藩ながら活躍している。坂本龍馬が運用していたことで知られる「いろは丸」は大洲藩が所有していた船で、大洲藩から海援隊に貸し出されたものだ。

中江藤樹といっても今の人はほとんど知らないだろう。彼の説くところは身分の上下を越えた平等思想に特徴があり、武士のみならず商工人にまで広くファンがいたらしい。「近江聖人」と呼ばれ、親孝行でも知られている。子供の頃この人の絵本を持っており、あまり面白いとはおもわなかったがよく読まされた。

加藤貞泰からはじまった大洲藩は、十三代泰秋までつづき明治に至っている。

朝六時過ぎの東海道新幹線に乗り岡山駅へ出たぼくは、瀬戸大橋を渡り松山駅で内子《うちこ》線に乗り替え伊予大洲へと入った。駅に着いた時は午後の一時を回っていた。東京駅から延べ七時間余りの長い列車の旅だった。以前から訪ねてみたかった土地だけに胸がはずんだ。因みに伊予大洲駅の少し手前にある内子は、小説家大江健三郎さんの出身地である。

大洲駅からタクシーで町の中心にある観光案内所へと向う。大洲城下は駅から少し離れてある。肱川《ひじかわ》に架る肱川橋を渡った時、右方向の小高い山上に大洲城跡が見えた。絵になる光景だった。

観光案内所は「大洲まちの駅」という広場にあった。昼を大分過ぎていたので、一角にある食堂でジャコ天入りのうどんを食べた。さすがうどんの本場香川県の隣県だけに、しっかりと腰のある旨いうどんだった。食事後、予約していたホテル(すぐ近くにあった)に荷物を預け町を散策することにした。ホテルから東へと歩き、大洲神社を左折していくと臥龍山荘《がりゅう》がある。ここは加藤大洲三代藩主加藤泰恒が、蓬萊山《ほうらい》が龍の臥《ふ》す姿に似ていることから臥龍淵《がりゅうのふち》と名付け、吉野から桜、龍田から楓などを移植したが、維新後は荒れ果ててしまっていたところ、明治三十(一八九七)年頃、新谷出身の貿易商、河内寅次郎がこの地を購入し、蓬萊山を含む庭園と臥龍院、不老庵、知止庵《ちしあん》の建築物をつくり臥龍山荘としたところだという。「日本近代建築百選」に選ばれている山荘庭園でもある。数年前に世を去った日本を代表する建築家黒川紀章は、この山荘を評して「利休の草庵の侘を越えて、もう一つの数寄屋《すきや》の傑作といっていい」と述べている。

臥龍山荘を出ると、右手に肱川遊覧船乗り場がある。この川では夏には鵜飼も行われているという。肱川に沿って歩く。左には長い城壁がつづいている。途中から志保町（旧塩屋町）に入り本町の通りを一気に大洲城へと向った。

大洲城は、江戸期の木組み模型などの史料をもとに平成十六（二〇〇四）年に復元された城だ。天守は復元されたものだが、台所櫓と高欄櫓などは重要文化財に指定されている。そんな大洲城だが、あたりはきれいに整理されており、何処か箱庭をおもわせた。一角に中江藤樹の銅像があった。

城下にもどり、「おおず赤煉瓦館」（旧大洲商業銀行）やレトロな商品を展示した「ポコペン横丁」や「思ひ出倉庫」などを見て歩く。通りは城下町らしく碁盤状になっている。建物は古く、おそらく明治期のものだろう。「おはなはん通り」という通りがあって、そこはNHKのTVドラマ「おはなはん」に因んでの通りらしかった。主人公の浅尾はな（後の速水はな）は、幼少の頃このあたりで生活を送ったのだという。

夕食は「油屋」という炉端焼きの店でとった。

大洲藩加藤家の菩提寺
龍護山曹溪院の門前にて

かつては旅館を営んでおり、司馬遼太郎が常宿にしていたらしい。窓からライトアップされた大洲城が見えた。

　翌朝早く起きて町を歩いた。空気がつめたかった。ホテル近くにある大洲藩校だった止《し》善書院《ぜんしょいん》明倫堂《めいりんどう》跡に立ち寄ってみることにした。地図を見ると交番のすぐ隣りだったので警察官に尋ねてみたところ、とんでもないやりとりになった。

「大洲藩校の跡が近くにあるって地図で見たんですが」

　ぼくは訊いた。

「ハンコのあとってなんですか」

　警察官の言葉に唖然とした。

「ハンコのあとなんて言ってませんよ。藩校の跡を知りたいんです」

「ハンコウって何ですか」

　話にならないので、交番を出て、近くにあった大洲小学校に入って尋ねてみた。交番の隣りに広い駐車場があり、どうもそこにかつて藩校があったらしいということがわかった。やれやれであった。

　加藤家の菩提寺である龍護山曹溪院に立ち寄った。脇坂家が大洲を去った後、明治まで大洲を治めた加藤家は、あまり一般には知られていないが、なかなか優秀な家系だったようだ。初代加藤貞泰は和歌、連歌を嗜《たしな》み、八条流馬術の秘伝も受けたまさに文武両道の武将だったという。二代藩主となった泰興は心流槍術に優れ、体得した極意を「槍術勝負工夫ノ書」に著し、槍の名手として「武芸小伝」に名を列《つら》ねている。代々が文武に優れ、最後の藩主（十三代）泰秋も無辺流の槍を学んでいる。明治維新後、泰秋は宮中に仕え、明治十七（一八八四）年、子爵に列している。

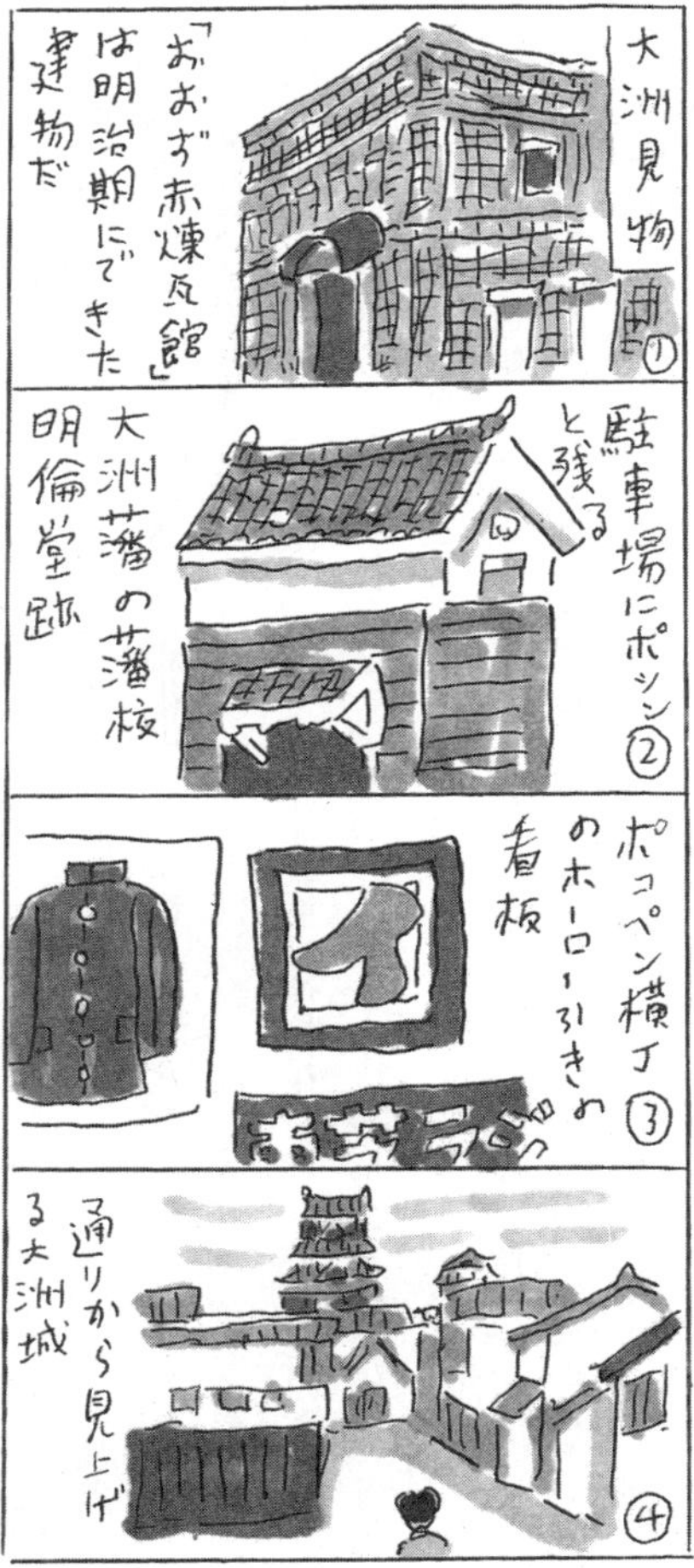

大洲藩主加藤家の住居は、今「お殿様公園」として人々に親しまれている。この「お殿様公園」は「男はつらいよ」（第十九作）のロケ地にもなった。因みに加藤氏初代貞泰が得意としていた八条流馬術というのは、八条房繁という人物を始祖としているらしいが、どうもぼくには馬術というのはわからない。また二代泰興の心流槍術にもいろいろ流派があって、例えば「龍覇活心流槍術」は、石突き近くを持って大振りに薙《な》ぎ払う長リーチ技らしい。泰興の心流槍術は如何なる攻撃法だったのか、そのあたりには興味がある。

大手門跡から本町一丁目に入ってホテルへもどり、タクシーを呼んでもらった。タクシーは来た通りをもどるようにして肱川橋を渡った。左手に大洲城が聳えて見えた。コンパクトではあるが、大洲はなかなか見ごたえのある城下町だった。歴史がぎっしりと詰っている。車窓からさし込む光が春めいていた。

亀山《かめやま》市 （三重県）

平成二十五（二〇一三）年に
復元が完了した
亀山城跡の
多門櫓
写真で見た
かつての板張り
の城跡も雰囲気があった
史跡
亀山城跡

　今の仕事に就《つ》いて約四十年が経とうとしている。飽きもせず毎日絵を描いているということは、よほど好きなのだろう。

　そんなぼくだが、何故か画家になろうとおもったことはなかった。画家や小説家や、もしかしたら音楽家にしても、そういった芸術家と呼ばれる人たちには多少の苦悩というものがあるはずだ。ぼくに関していえば苦悩はまっぴらである。楽しいからやっていられるのだ。

　時々インタビューなどを受けることがある。そんな時よく出るのが、壁に突き当ったりしませんか、描けないといって悩んだりしませんか、などといった質問だ。こんな風に答えている。

「芸術家ではありませんので、そんな恰好いいことはないですね」

インタビュアーは困ったような笑みをうかべるが、ぼくの正直な気持である。

イラストレーションという言葉を知ったのは萩原朔太郎の詩集「青猫」からだった。詩集には印刷所の職人が外国の写真を見て彫ったらしい木口版画（西洋木版）が六枚、挿絵として使われていた。扉に表示された「6イラストレーションズ」（実際は英語で書かれている）という文字を見て、ああ挿絵のことをこういうのか、こんな仕事をしてみたいなあとおもった。ぼくは中学生だった。

イラストレーターという言葉がポピュラーになったのは大学生になった頃だ。ぼくはグラフィックデザインを学んでいたが、意識的にイラストレーターへと興味を傾けていった。一直線にこの道へ進んできたが、ほとんど独学といってよかった。今でもイラストレーションは独学で得るものだとおもっている。

絵を描く仕事なので、依頼されて絵本も何冊か出した。それなりに売れた本もあるがまったく鳴かず飛ばずの本もある。時々、絵本関係の雑誌からアンケートに答えを求められたりする。子供の頃、どのような絵本を読んだかといった質問が多い。いつも困るのは、ぼくが小学生の頃の絵本といったら、ほとんどが仇討もの、つまり復讐劇か偉人伝だったからだ。「さるかに合戦」にしてもそうだし、さらにディープなものになると「曾我兄弟」、「こがね丸」などだ。それでも巌谷《いわや》小波《さざなみ》の「こがね丸」は大好きでよく読んだ。偉人伝にしても「野口英世伝」などは出だしから文章を暗記するほど読んだが、この手の話も、恵まれない家庭に育った少年が艱難辛苦《かんなんしんく》の末出世して周囲を見返す、つまり仇討もののパターンを持っている。ぼくの場合、今の時代のように、「ママのケーキ」だの「お花のエプロン」（こんな絵本はありません、架空のタイトルです）などといった絵本を読んで育ってはいない。

先日調べることがあって、稲垣史生の書いた「日本仇討一〇〇選」（秋田書店刊）を開いていたら面白くてつい読み耽《ふけ》った。日本にはよく知られた仇討が三つある。「曾我兄弟、富士の裾野の仇討」、「荒木又右衛門、渡辺数馬の伊賀上野、鍵屋《かぎや》の辻の仇討」、「赤穂浪士の仇討」だ。これらは日本の三大仇討と呼ばれ、講談や歌舞伎などの演題になっている。

仇討の根本にあるのは憎悪だろう。映画などで仇討というと仇討免状を振りかざし竹矢来で囲まれたスペースで太鼓を合図に討手《うって》と仇人《あだびと》が斬り合ったりするが、それは芝居の作りごとだと稲垣史生は書いている。ただ仇討許可証や免状を持っていると討手には多少の便宜が施《ほどこ》されたのは確かであったようだ。それにしてもこういったルールが存在したのは世界でも日本だけだったのではないか（中国にもあったらしいが）。

ぼくはふとニューヨークで暮していた時、日本レストランで知り合った円藤貞夫（仮名）のことを思い出した。商社マンの彼は帰国に際し自分の持っていた本を二十冊ほどぼくに譲ってくれた。外国で暮していると、日本の本は何よりも有難い。そんななかに「亀山の歴史」という本があった。いわゆる郷土史といった本だ。当時のぼくは亀山などという土地が何処にあるかまったく知らなかった。

円藤貞夫を思い出したのは、彼からもらった「亀山の歴史」のなかに、「亀山、石井兄弟の仇討」という話が書かれていたからだった。亀山は江戸期亀山藩のあった城下町で、石井兄弟の仇討はこの城下で起った事件なのだ。地図を開くと亀山は三重県の比較的名古屋寄りにあり、近くには徳川家康・十六神将の一人、榊原康政の姓、榊原の発祥の地だという榊原温泉などがある。仇討はともかく、この城下町へすぐに行きたくなった。

朝、東京駅からJR東海道新幹線に乗った。五月特有の少しだけ白を含ませたような青空が広がっていた。車窓の新緑から鈴の音が聞えてくるようだった。

名古屋駅で関西本線に乗り替え、亀山駅には昼前に着いた。

三重県北部にある亀山市は、昭和二十九（一九五四）年、鈴鹿郡の亀山町と昼生《ひるお》、井田川、川崎、野登《ののぼり》の四村が合併し市制となった。市域としては、鈴鹿山脈の南東部から伊勢平野にかけての台地に広がり、中心市街は鈴鹿川左岸の段丘上にある。江戸時代までは城下町であり東海道の宿場として発展した。亀山の地名の由来には、丘陵神山が訛ったとか、石亀を放ったところだとかいった説がある。

伊勢亀山は戦国時代、織田信長、豊臣秀吉に仕えた関盛信が領していた。盛信の子、関一政が美濃多良《たら》に移封された後、秀吉の家臣岡本良勝が二万二千石で入っている。良勝は亀山城を築き、検地を行い城下を発展させたが、関ヶ原の戦いでは西軍に与し、改易された。代って東軍に与した関一政が関ヶ原の戦いにおける功績により三万石で復帰した。一政は亀山宿の整備や城郭の修築などに尽力したが、慶長十五（一六一〇）年七月、伯耆黒坂に移封、八日後に三河国作手《つくで》より松平忠明が五万石で入った。

大坂夏の陣で豊臣氏が滅ぼされると亀山藩は廃藩となるが、元和五（一六一九）年九月、三河挙母《ころも》藩より三宅康信が一万石で入っている。その後も藩主は度々入れ替り、本多氏、石川氏、板倉氏とつづき、延享元（一七四四）年石川総慶が六万石で入り、明治を迎えている。因みに亀山藩最後の藩主石川氏は、徳川家康に仕えたことでよく知られている石川数正の系統ではなく、数正の叔父の石川家の系統だという。石川氏三代藩主石川総純《ふさずみ》は米の専売や荒地の検地を行い藩財政の再建を目ざしたが、逆に百姓一揆を呼び起し改革に失敗している。藩校、明倫堂を創設したのは四代藩主総博《ふさひろ》である。九代藩主総禄《ふさよし》は洋式軍備の導入やお茶の栽培などを積極的に奨励した人物だという。十一代つづいた石川家の藩主は、それなりに亀山という土地の発展に尽力したということだろう。

JR亀山駅近くの定食屋でカレーライスを食べ、タクシーで亀山城跡へと向った。途中、旧東海道を横切った。横切る手前にお城見庭園という広場があった。町の人々は散歩がてらここでひと休みして城跡を眺めるようだ。

亀山城は、南は鈴鹿川を見下し、北は椋川《むくがわ》渓谷から屹立した天然の要害の台地上に築かれていたらしい。櫓や塀の白壁が城全体に広がる姿があたかも蝶が飛ぶように見えたことから、粉蝶《こちょう》城などとも呼ばれていたという。今は小学校の庭から立ち上る石垣の上に残る多門櫓しか残っていない。この櫓は寛永年間（一六二四―四五）に本多俊次が建てたものだという。石垣下の小学校はかつての藩校明倫堂だという説があるが定かではない。

城の遺構としては石垣上の多門櫓のみだが、あたりは新緑に包まれ薫風がそよいでいた。

城からの坂を下ると大きな池（かつてはお堀だったのだろう）があって、池を見下すかのように立派な石碑があった。近づいて見ると、石碑には「石井兄弟亀山敵討遺跡」とあった。この石碑の建っている場所で、石井源蔵（三十三歳）と半蔵（三十歳）の兄弟が父親石井宇右衛門の仇、赤堀源五右衛門を討ち取ったのだという。とにかくこの仇討は当時大ニュースだったらしい。これを脚色した浄瑠璃は、大坂では「道中評判敵討」（近松門左衛門作という説がある）として上演され、その他さまざまなタイトルになって演じられ人気を博したという。歌舞伎でこれを演じた三世澤村宗十郎は、あの写楽が大首絵に取り上げている。

この話の発端は延宝元（一六七三）年に起っている。話は長くなるのではしょりつつ書いてみる。石井宇右衛門は、自分が武芸を指導していた赤堀源五右衛門が槍の腕を自慢し他の者にひけらかすのでそれを窘《たしな》めた。源五右衛門はそれを恨みにおもい、宇右衛門の不意を襲い殺害し逃亡する。長男の三之丞は仇討の旅に出るが返り討ちにあってしまう。次男彦七も仇討に出るが伊予へ渡る船が嵐で遭難、水死する。何とも不幸な兄弟だったが、まだ下に三男源蔵と四男半蔵がいた。父親が殺された時五歳と二歳だった。二人は成長し仇討の旅に出る。

一方仇人の赤堀源五右衛門は亀山城主板倉重常の家来で親戚の青木安左衛門なる

人物の推挙で板倉家に仕え、百五十石を与えられて名も赤堀水之助と改めていた。当時の敵持ちは討たれないことが士道の意地であり、周囲も仇人を守ることが士道の誉《ほま》れと心得ていたらしい。

まさに艱難辛苦、源蔵、半蔵兄弟は警戒の厳しい亀山城下に何とか入り込み機会を狙う。二人はある夜、赤堀が泊番だという詰所近くで待ち受けるが出てこない。翌朝まで待っていると、ようやく赤堀が若党一人連れて出て来た。兄弟は襲いかかった。赤堀も抜き合わせたが、二人に一人、それに石井兄弟には長年積み重ねた執念がある。二人は現在石碑のある場所（亀山城西ノ丸石坂門外）で本懐を遂げたのだ。父の死から二十八年という歳月が流れていたというから何とも凄まじい。実際どのような斬劇が展開したのか興味は広がった。映画などならまさにクライマックスといったシーンになるだろう。石井兄弟の石碑のうしろに広がる池は、何ごともなかったかのように新緑の葉を水面に落して

いた。

　タクシーで亀山藩家老加藤家の屋敷などを回ってもらった。長い白壁が格式の高さをおもわせた。亀山城下は拠点として東西四町二十間、南北三町の城郭、三百戸以上の侍屋敷があって、町方の者は、西町、東町、横町、鍋町、本新町、西新町、茶屋町などに暮していたらしい。同時に亀山は幕府の道中奉行の支配下にある東海道の宿場で、天保年間には本陣一軒、脇本陣一軒、旅籠《はたご》屋が二十一軒あった。また当時特産だった亀山鍔《つば》は参勤交代の際に通過する諸国の武士の多くが買い入れて帰ったという。現在亀山の名で知られる産業といったら和ローソクの老舗「カメヤマ」だろう。昭和二（一九二七）年の創業であり、日本一のシェアを誇っている。創業者である谷川兵三郎は、もとは宮大工だったが篤《あつ》い信仰心からローソク作りをはじめ、零細企業として出発したものの、今や海外にまで進出している。

　タクシーの運転手に勧められ、近いという関宿まで行ってみることにした。途中、野村一里塚があった。一里塚の碑のうしろには大きな椋《むく》の木が緑の葉を風にゆらせていた。一里塚に椋の木が植えられているのはここだけだという。

　関宿は東海道五十三次の、江戸から数えて四十七番目の宿場になる。かつては参勤交代や伊勢参りの人々で賑わったらしい。現在、旧東海道の宿場はほとんど昔の姿を残していないが、ここには歴史的な町並みが多く残っている。昭和五十九（一九八四）年に国の重要伝統的建造物群保存地区に選定されたという。今も江戸時代から明治時代にかけて建てられた古い町屋が二百軒あまり残っている。

関宿のほぼ中心にある関郵便局（江戸期には高札場があった）前でタクシーを降り、関宿の通りを行ったり来たりした。東西追分（道が左右に分れる場所）の間は

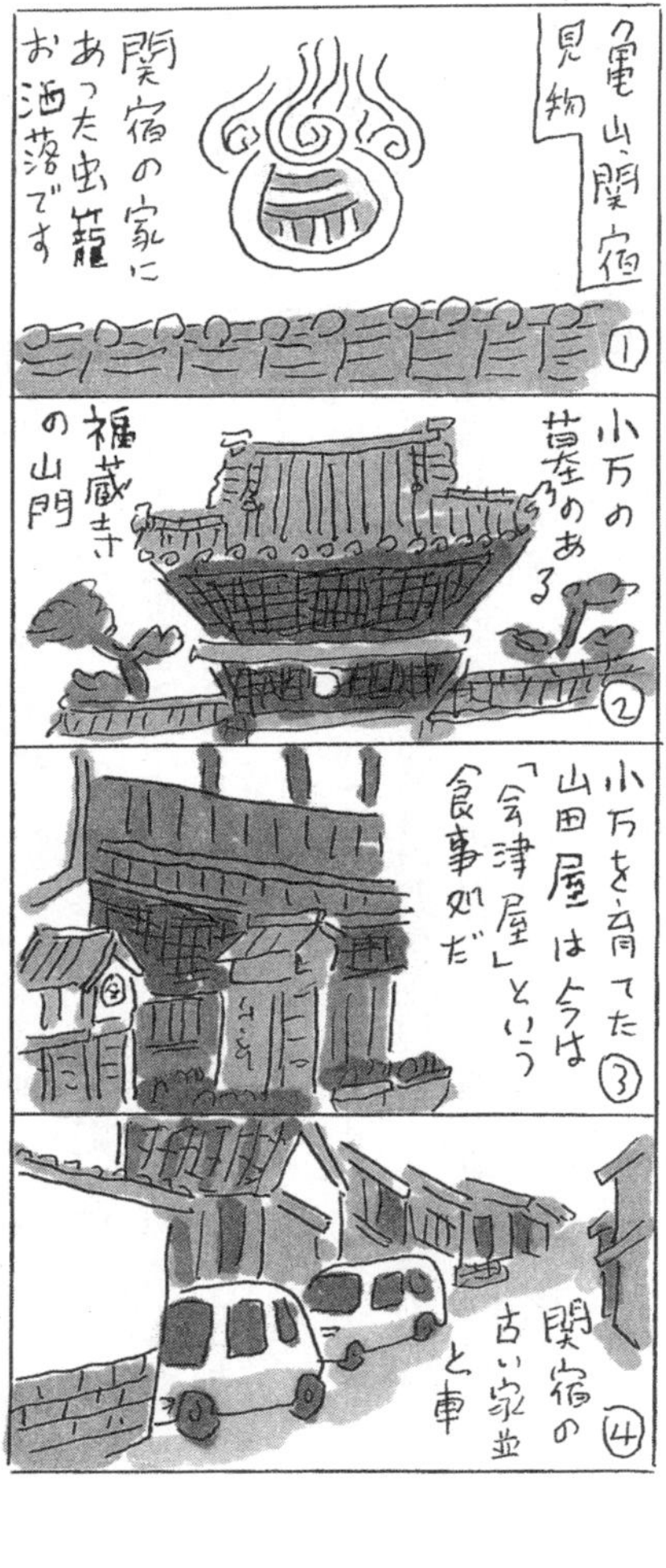

一・八キロメートルあるという。

山車《だし》蔵《ぐら》があって、ぼんやり見ていると、関宿の祭りでは最盛期には十六台の山車が出たらしく、これ以上進めないということから「関の山」という言葉が生れたのだと通りがかりの老人が（こちらも老人ですが）教えてくれた。そういうことだったのかと、勉強になった。

関宿のやや真んなかに福蔵寺があり、ここには「関の小万《こまん》の仇討」で知られる小万の墓がある。小万はまだ生れる前に久留米藩の剣術指南役だった父親が同輩の恨みを買って殺され、母親も彼女を生んですぐ死んだため、関の地蔵院前で「山田屋」という旅籠を営んでいた夫婦に育てられ成長した。十五歳になった時、実母の遺言を知り亡父の仇討を決心する。

小万は亀山藩家老加毛《かも》寛斎に頼み武術の修行をし、三年後の天明三（一七八三）年八月、運よく仇人の所在を知り馬子に変装し亀山城大手前の辻で見事本懐を遂げたのだ。それにしても今回の城下町巡りはすっかり仇討場所巡りになった感がないでもない。因みに福蔵寺には織田信長の三男信孝の墓もあり、近くには小万を育てた夫婦が営んでいた「山田屋」も現存していた。今は「食事処　会津屋」として繁盛しているという。

仇討を遂げた小万の名は一躍脚光を浴び、浄瑠璃や歌舞伎の種になったらしいが、彼女は仇討後も養父母に仕え、享和三（一八〇三）年一月十六日、三十六歳で世を去った。小万の名は鈴鹿馬子唄にもよく出てくる。抜粋してみる。

与作思えば照る日も曇る
関の小万の涙雨
昔恋しい鈴鹿を越えりゃ
関の小万の声がする

ＪＲ関駅へ出た。ここは関宿ふるさと会館にもなっている。宿のことを尋ねると榊原温泉を勧められた。前述した徳川家康・十六神将の一人榊原康政の榊原姓発祥の地だ。タクシーで向った。西陽に新緑がきらめいていた。明日はお伊勢参りでもして帰ろうかとおもった。

木《き》更《さら》津《づ》市（千葉県）

木更津市にある
請西藩(一万石)
の真武根陣屋
跡にある記念碑
周囲は草茫々
だった

房総半島のほぼ最南端といっていい位置に千倉という町がある。ぼくは健康上の理由で、三歳から中学卒業直前までこの町で母と二人で過している。よく果汁一〇〇パーセントなどとジュースの缶に記されているが、千倉はまさにぼくの少年期一〇〇パーセントの町だろう。

千倉は何処にでもあるような地方の海辺の町だが、意外と歴史は古いらしく、頼朝伝説や里見伝説が点在していた。歴史好きな祖母が東京から来るとよくそんな歴史ポイントに連れていかれた。司馬遼太郎の書いた「世に棲む日日」（文春文庫）に出てくる幕末の儒学者鳥山新三郎確斎はこの千倉の出身で、吉田松陰は江戸に出る度に確斎の、江戸は桶町にあった家に逗留していたという。確斎の生れた宇山家は今でも千倉にあるが、ぼくは入学した七浦小学校でその子孫と同クラスだった。因みにハリウッドで活躍し、デビッド・リーン監督の「戦場にかける橋」で、米アカデミー賞助演男優賞にノミネートされた早川雪洲は七浦小学校出身だ。

ぼくは七浦中学に進んだが、高校受験のため卒業前に東京の家へもどっている。そんなわけで、東京の高校に入学したのだが、高校、大学と、いつも夏休みには海に近い千倉の家で過した。東京からは房総西線（現在のJR内房線）で千倉に向うわけだが、いつも気になる駅があって、それが今回書こうとしている木更津という町だった。千倉の二つ東京寄りに館山という高校や映画館の多い町があったが、木更津はそこよりもずっと都会だと子供の頃から聞かされていた。

因みに館山は滝沢馬琴の「南総里見八犬伝」（この話はフィクションだが）で知られる南総里見氏の城下で、里見氏は九代忠義の時の慶長十八（一六一三）年、大久保長安の事件で小田原城主大久保忠隣《ただちか》が改易となり、忠隣の孫娘を室としていた忠義もこの事件に連座、配流同然という形で伯耆国倉吉に転封、そこで病没している。二十九歳だった。忠義の死によって南総の名門里見氏の歴史は幕を閉じたのだ。ぼくは忠義の墓のある倉吉の大岳院を何度か訪ねたことがあるが、忠義の墓を守るかのように殉死したという八名の藩士の墓があり、滝沢馬琴はこれをヒントに「南総里見八犬伝」を書いたと伝えられている。この物語のファンは今も多い。

本題の木更津に入ることにする。前述したように、木更津はいつも東京から千倉に向う通過駅で、今まで一度もこの駅で下車したことはなかった。知っていることといったら、この変った地名が、日本武尊《やまとたけるのみこと》の妻を恋うた歌「君さらず、袖しがうらに立つ波の……」に由来していること、野口雨情が作詞し、中山晋平が作曲した童謡「証城寺の狸囃子」、歌舞伎などで今でも人気の高い瀬川如皐《じょこう》の「与話情浮名横櫛《よわなさけうきなのよこぐし》」、その話に出てくる二人、あの切られの与三郎とお富の見初《みそ》めの場の舞台であることくらいだった。三島由紀夫は金融会社「光クラブ」を設立し、戦後の世間を賑わせた東大生山崎晃嗣をモデルに書いた小説「青の時代」(新潮文庫)で木更津市のことをこんな風に書いている。

——K市は由来低能児の多い町である。その昔「淫風甚《はなはだ》し」という有難いレッテルが貼られたことの、遺伝学的な結果かもわからない。

世界的に名声のある小説家にそこまで書かれた町を未だかつてぼくは知らない。いずれにせよ木更津は江戸末期から都人士《みやこじんし》の遊楽の地であったらしい。鎌倉時代から開けた港があり、海に出た江戸の漁師たちが立ち寄るには格好の遊び場だったのだろう。

林忠崇《ただたか》なる人物を知ったのは、二年三ヶ月のニューヨーク暮しから帰国して入社した出版社の地下図書室でたまたま手にした本からだった。会社は百科事典などで知られる出版社で、図書室は他に例を見ないほど充実していた。

林忠崇は上総国請西《じょうざい》藩の第三代藩主だという。この時点でぼくは請西藩すら知らなかった。忠崇は嘉永元（一八四八）年に藩主忠旭《ただあきら》の五男として生れている。嘉永七（一八五四）年に父忠旭が隠居するが、兄忠貞はすでに早世しており、自らも幼少だったため叔父の忠交《ただかた》が家督を相続した。慶応三（一八六七）年忠交の死により、幼少だった忠交の子忠弘に代って第三代藩主となった。まだ二十歳という青年藩主である。忠崇は文武両道で、幕閣からの期待も高く、将来は閣老になる器と評されていたらしい。

関ヶ原の戦いで矢玉のなか戦陣の功を競ったにも拘らず、その後つづいた泰平と大名の貴族化でほとんどの大名が闘争心を失い、戊辰戦争では徳川の恩恵を受けながらも官軍に恭順を示す藩が続出した。そんななかで関東において最後まで官軍に抵抗したのが請西藩だった。藩主は二十一歳になったばかりの林忠崇である。その戦い振りは、上総をはじめ、小田原、奥羽と広範囲にわたっている。徳川十五代将軍慶喜は、江戸城を出て上野東叡山で謹慎し恭順の意を示したが却下される。忠崇はこれを不服とし、慶喜の冤罪を晴そうと覚悟を決め立ち上ったのだ。はじめは旧幕府の撤兵隊《さっぺいたい》なるグループが忠崇の陣屋へやって来て共闘を勧めたが、彼は同調しなかった。その高圧的な勧誘と土地の人々への横暴な振るまいが気に入らなかったからだという。その後旧幕府遊撃隊の伊庭《いば》八郎と人見勝太郎がやって来ると、その軍紀の規律正しさ、作戦計画に共感し運命を共にすることを決心する。遊撃隊を加えた林忠崇軍百余名は陣屋を出発、富津、佐貫《さぬき》、勝山、館山と進軍、海路伊豆を目ざすことになる。

忠崇の軍（遊撃隊を含む）は小田原藩の協力を得て箱根の関を一時占領するものの、小田原藩の寝返りによって数日で後退、海路館山へと撤退している。

しかし忠崇はくじけない。奥羽越列藩同盟救援のため旧幕艦長崎に乗って出航する。

奥羽における忠崇軍は苦戦の連続だった。いずれも敗退している。やがて同盟の盟主仙台藩が降伏するが忠崇の戦意は衰えない。この上は榎本武揚や大鳥圭介、土方歳三らの徹底抗戦派と共に蝦夷地に渡る決心をするが、仙台藩の説得に従い降伏する。すでに明治元（一八六八）年になっていた。彼は仙台藩お預りとなり、東京に護送され唐津藩邸に禁錮される。当然のこととして領地は没収、請西藩は廃藩となった。

忠崇という殿様、藩主自ら自藩を脱藩しての転戦。若さというか、お坊ちゃん気質というか、いずれにしても好きな人物である。

林家には従兄弟の忠弘が東京府士族として明治二（一八六九）年に家名の存続（後に男爵）が認められるが、忠崇は明治五（一八七二）年に赦免されるまでさまざまな職を転々とし一介の士族として困窮した生活を送っている（明治二十七年に特志を以て華族の礼遇を賜り、従五位に叙された）。

驚くことは彼が昭和十六（一九四一）年まで生きたことだ。忠崇は生存する最後の大名になったのだ。彼は次女ミツの経営するアパートで病死している。九十四歳だった。死の直前辞世を求められた時、「明治元年にやった。今は無い」と答えたという。

「真心の　あるかなきかはほふり（屠り）出す　腹の血しおの色にこそ知れ」

これがそれらしいが、おそらく仙台にて新政府軍に降伏した時、切腹を覚悟で作ったものだろう。

林忠崇についてくわしく知りたい方には「脱藩大名の戊辰戦争　上総請西藩主・林忠崇の生涯」（中村彰彦著、中公新書）をお勧めします。

ＪＲ木更津駅に降りたのは、七月のひどく暑い日だった。木更津は東京から近い。東京駅から九時過ぎの特急「さざなみ」に乗るとあっという間に着いた。例によって駅近くの観光案内所で地図をもらい、まずはタクシーで請西藩の真武根《まぶね》陣屋跡へと向った。忠崇は藩主自ら藩を脱藩し陣屋に火を放ち遊撃隊と共に出陣している。城を持っていたのではなく、陣屋というのが如何にも幕末らしい。徳川幕府も末期的だったのだろう。ついでに書くわけではないが、忠崇は武道に関してはなかなかの腕で、鎖鎌などにも通じていたという（絵心もあったらしい）。

初老のタクシー運転手に真武根陣屋跡へ行って欲しいと告げると、歴史にくわしいらしく、ぼくが林忠崇に関心を持っていることを感じたのか、「その前に」と言い、木更津県史蹟へ車を廻してくれた。ここは徳川第十一代将軍の時、大名に列せられた初代林忠英が陣屋を構えた場所だという。そこは貝淵というところだったので貝淵陣屋と呼ばれ、藩名も貝淵藩といった。請西藩と呼ばれるようになったのは二代目の林忠旭が嘉永三（一八五〇）年に真武根に陣屋を移してからのことだ。請西藩はわずか一万石だった。

真武根陣屋跡は木更津中央霊園の前にあり、変った形の石碑と説明板が建ってい

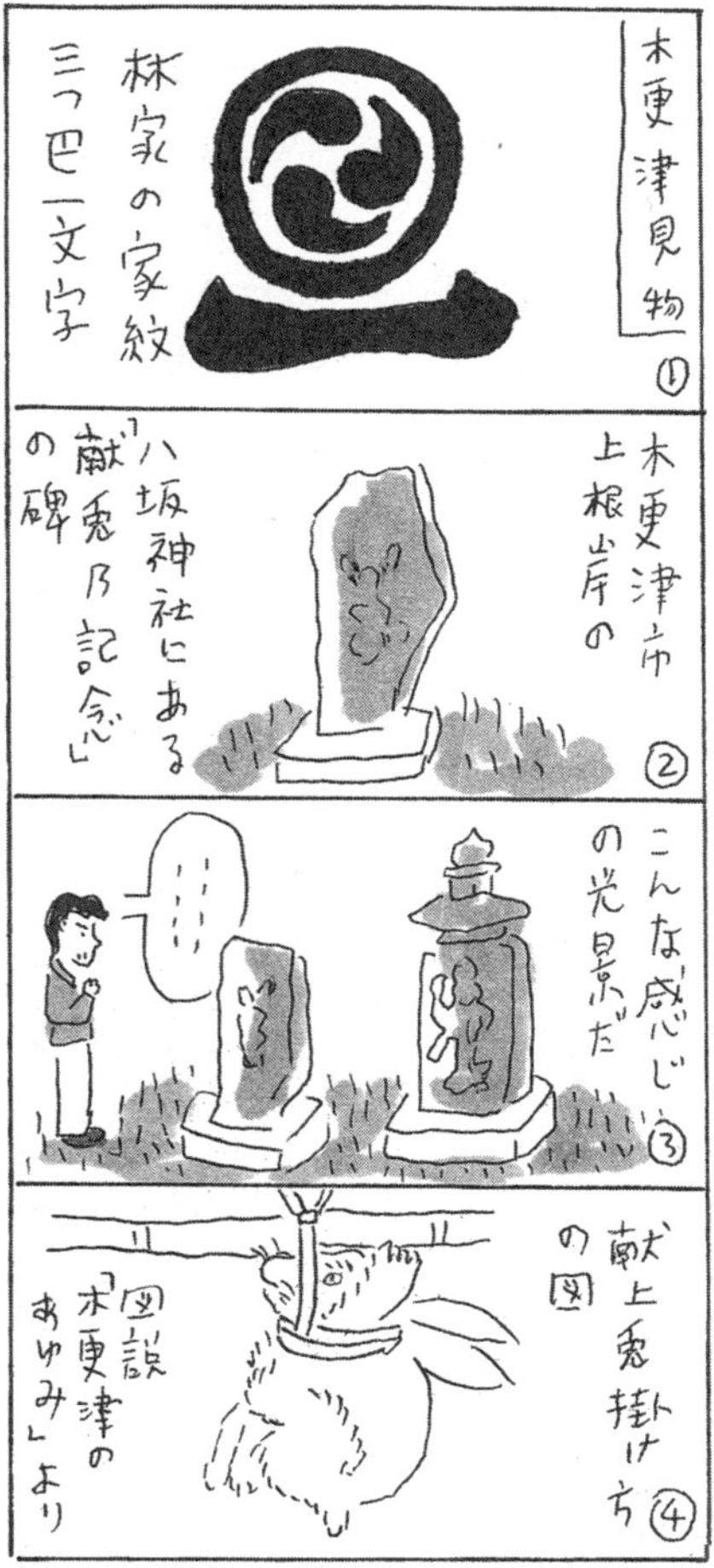

た。後方には夏の雑草が生い茂っていた。林忠崇は遊撃隊と共にこの陣屋を焼き払い、自ら脱藩して新政府軍に挑んだのだ。

林家と徳川家の縁は古い。林家の祖先は林藤助光政という。徳川家康九代前の祖、松平有親《ありちか》、親氏《ちかうじ》父子が永享の乱に敗れ諸国を流浪している時、信州林之郷で光政と出合う。父子はそこで年を越すことになるのだが、光政とて豊かな暮しをしているわけではなかった。光政は雪のなか山に入り兎を捕まえる。それで兎の肉の吸いものを作り、麦飯を添えて正月の祝いにしたらしい。永享十二（一四四〇）年の元日のことだという。やがて松平家は家康に至って天下人になる。徳川幕府の正月の行事に「献兎賜杯」という儀式があり、林氏が兎の肉の入った汁椀を将軍に献上すると、まず一番に将軍より杯をいただくのだという。この行事は徳川家において無上の吉例として永世絶つことがなかった。

林の姓は信州林之郷の出ということだろうが、それは永享十（一四三八）年頃から称したらしい。家紋もその頃に決ったといい、徳川将軍より一番に杯を賜ることから拝領紋の丸に三巴《みつどもえ》の下に一文字を加えている。林忠崇にとって、この一文字は強い誇りであったという。

風に吹かれた真武根陣屋の後方に茂る雑草から草いきれが漂ってきた。

太田山公園の「木更津市郷土博物館金のすず」や旧安西家住宅を見て一旦駅にもどり、駅近くの寿司屋で鉄火丼のランチをとった。昨今、マグロは高い。

コインロッカーにバッグを入れ、駅から近い光明寺まで歩いた。目のくらむほどの暑さだった。光明寺には三世瀬川如皐（鶴屋南北の門下）の書いた歌舞伎狂言「与話情浮名横櫛」の主人公切られの与三郎の墓がある。与三郎のモデルになっているのは長唄の唄方四代目芳村伊三郎だという。

伊三郎、本名は中村大吉といい、生家は紺屋《こんや》を生業《なりわい》としている。その美声と美男振りは近隣でも有名だったらしい。切られの与三郎話は歌舞伎の演目としても知られているが、昭和三十年頃に春日八郎が歌ってヒットした「お富さん」の方が一般には親しまれているだろう。お富は本名とみといい、出生地は周淮《すえ》郡坂田村（現・君津市）の広部家の出という説と茂原新宿（現・茂原市）の金坂家とする二説がある。

土地の親分の妾《めかけ》に手を出し、子分に半殺しの目

「しょしょ証城寺、証城寺の庭は…」
ではじまる童謡「証城寺の狸囃子」
の寺、證誠寺

に遭わされた与三郎は、江戸に出て「向う疵《きず》の与三」と呼ばれるごろつきになり強請《ゆすり》たかりをくり返す。一方お富は与三郎が殺されたとおもい海に身を投げるが助かり、鎌倉源氏店《げんじだな》で和泉屋の大番頭の厄介になっていた。

ある日与三郎は強請に入った家でお富と三年振りに再会する。歌舞伎舞台でのこの時の名台詞《ぜりふ》はたまらなくいい。

「しがねえ恋の情けが仇。命の綱の切れたのを、どう取り留めてか木更津から、めぐる月日を三年越し……」

「しがねえ恋の情けが仇」、今でもしっかり通用する言葉だ。

この強請の時一緒にいたのが与三郎の相棒、蝙蝠安《こうもりやす》だ。この男は本名を山口瀧蔵といい紀伊国屋という大きな油屋の次男として生れており、天性の美声と男振りのよさから花柳界では大モテだったという。芝居では右頬にコウモリの刺青《いれずみ》があるが、実際は左の太股に蟹の刺青があったらしい。話のなかではごろつきとして描かれているが、実のところ、強請をするような悪《わる》ではなかったというから気の毒な男でもある。

「証城寺の狸囃子」で知られる證誠寺に参拝し木更津港あたりを歩く。潮干狩りポイントである中の島へは中の島大橋を徒歩で渡らなければならない。暑さにギブアップ、橋を渡るのはあきらめた。橋近くには千葉県の三大民謡の一つ「木更津甚句」（他の二つは「白浜音頭」と「銚子大漁節」）の記念碑や、与三郎がお富に出合い一目惚れした「見染めの松」などがあった。西陽が眩しい堤防に腰を下し「証城寺の狸囃子」を口ずさんだ。

しょ　しょ　証城寺

証城寺の庭は
つ　つ　月夜だ
みんな出て来い来い来い
おいらの友だちゃ
ぽんぽこぽんのぽん

癖になるリズムであり、歌詞だ。

木更津には城下町らしさはまったくない。むしろTVで人気を取り映画にもなった「木更津キャッツアイ」の雰囲気の方が強い。今、「与話情浮名横櫛」といっても誰も木更津をおもいうかべないが「木更津キャッツアイ」といったらたいていの若者は「ああ、あのキャッツアイの……」という反応をみせる。因みに「木更津キャッツアイ」の脚本は宮藤官九郎が担当している。

暑い陽ざしのなかを一日中歩いた。水もよく飲んだ。林忠崇の真武根陣屋も切られの与三郎の墓も涼しくなったらまた訪ねたいとおもった。

木更津港に陽が落ちていく。漁港というより貨物港といった港だ。こんな土地に請西藩のあったことがふしぎだった。

アサリ弁当でも買って帰ろうかなとおもった。

高梁川東山岸にある
臥牛山上に聳える
備中松山城の天守
（重要文化財）

高梁市《たかはし》（岡山県）

　京都の美術学校でイラストレーションの講座を持っていた時期、よく時間をつくり山陰の民窯を訪ねる旅をした。民窯というのは、土地の人々のための使い勝手のいい器や皿を主に焼く窯のことで、早い話が民芸陶器といえばわかりやすいだろう。山陰地方にはこういった窯が多く、鳥取県なら、山根窯、延興寺窯、中井窯、牛ノ戸窯といったところで、島根県なら、出西《しゅっさい》窯、袖師《そでし》窯などが知られている。

　因みに民芸となると、まず名前が出るのが柳宗悦、それに民芸三羽烏的存在である濱田庄司、河井寛次郎、バーナード・リーチだろう。確かに柳宗悦は「民藝」という言葉の発案者の一人だし、濱田庄司、河井寛次郎、バーナード・リーチの三名は優れた陶芸家である。しかし陶芸に限らず、織物、木工などの作り手を多く指導した人となると、鳥取市に生れ、市内の本町に耳鼻咽喉科を開業していた吉田璋也の右に出る人物はいない。今、山陰は日本有数の民芸地帯であるが、これもたった一人の吉田璋也のプロデュース力といってもいい過ぎではない。陶芸家に限らず、職人と呼ばれる人たちは、しっかりとした技術は持っているものの、果して彼らにセンスがあるかとなると実に不安である。例えばぼくが陶芸に関して日頃おもっているのは、そこで如何にいい土が採れようと、そこが如何に陶芸の長い歴史を持つ土地であろうと、作り手にセンスがなければただ奇妙きてれつな製品が多く産出される結果で終るだろうということだ。美を見つめる目を持ち、多くの民芸作家を育てた人物となると、柳宗悦も濱田庄司も河井寛次郎もバーナード・リーチも、吉田璋也には及ばない。彼は職人たちの製品の流通も考えて、昭和七（一九三二）年に鳥取市本町に「たくみ工芸店」（柳宗悦の命名）を、翌年の十二月には東京の銀座八丁目に「銀座たくみ」を開店させている。また吉田璋也は軍医として従軍した中国から、現在のしゃぶしゃぶ料理の源流となる羊肉の「すすぎ鍋」（日本人向けに牛肉に改良）という料理を持ち帰っている。

今、ぼくが仕事で使っている椅子や箪笥、ビューロー、酒器などは吉田璋也の指導により作られた製品が多い。

京都から山陰地方へ入るにはいくつかのルートがある。ぼくは山陽新幹線で岡山駅へ出て吉備線に乗り替え、さらに総社《そうじゃ》駅で伯備《はくび》線に乗り替えて伯耆大山《だいせん》駅に至るコースが好きだった。伯備線は高梁川に沿って北上する。

電車で通過する時いつも気になる駅があった。車窓から重厚な構えの寺らしき建物が見え、武家屋敷のような通りのある町だった。駅名は備中高梁といった。高梁の「梁」という文字も気になった。「高橋」ではなく「高梁」、何かあるなとおもった。調べてみると高梁市は大半が吉備高原上の丘陵地にあって、古い山城を構える城下町であることがわかった。

はじめて備中高梁駅に降りたのは昭和の時代の去った平成二（一九九〇）年の初秋だった。九月ではあったが、まだ夏の余韻が残っていた。ホームに立つと、線路際にヒマワリが一列になって咲いていた。その後もぼくは仕事を含め二度ほど高梁を訪ねている。「備」という文字の読み方は面白い。備前は「びぜん」、備中は「びっちゅう」、備後は「びんご」になる。高梁の頭には備中が付く。

この頃山陰へはすっかり飛行機を使用するようになった。三年前（二〇一一年）、ぼくは倉敷に行く仕事があって、久しぶりに伯備線に乗った。これといった目的はなかったが、締切りのある仕事も終えていたし、何処かの町をぶらぶら歩いてみたかったのだ。高梁なら近い、倉敷のホテルのベッドでふとそんな気持になった。

はじめて高梁を訪ねた時と同じ、季節は九月だった。高梁の町は真夏のような暑さに包まれていた。この町は、倉敷と新見《にいみ》（美作《みまさか》宮川藩二代藩主の関長治が、備中新見に移り立藩した新見藩の城下町）のほぼ中間にある。古い歴史があり、かつては備中国の中心地だった。高梁川の東岸にある臥牛《がぎゅう》山には、延応二（一二四〇）年に秋庭《あきば》三郎重信が築いたという備中松山城がある。臥牛山上の城郭（標高四三〇メートル）は現在も典型的な山城の面影を残しており、国内でも最も高い山城ということになっている。戦国時代には中国地域制圧の拠点として、毛利、宇喜多、尼子、織田といったスター武将たちがそれぞれ陣を敷いたり居を構えたりしたらしい。備中松山城は、戦国の世の非情な浮き沈みをじっと見つめてきた城なのだ。

高梁には古い寺院も多い。城のように鉤《かぎ》の手に折れ曲った石垣に囲まれた松連《しようれん》寺の本堂には、宇喜多秀家が朝鮮出兵の時使用した軍船の天井や船戸が使われている。また頼久寺にある小堀政一（遠州）による枯山水の庭園も一見の価値がある（ぼくはあまりに人工的な庭は苦手たのだが）。徳川幕府開府前の慶長五（一六〇〇）年からしばらく、この地は天領となっており、備中代官として小堀正次、政一親子が統治している。

　松連寺の左側にある薬師院は、寅さんシリーズの一本「男はつらいよ―口笛を吹く寅次郎」の舞台として使われた寺だ。実は寅さんの妹さくらの夫、博は高梁出身ということで、実家は白壁のつづく武家屋敷通りという設定になっている。

　そんな武家屋敷通りや紺屋川美観地区をぶらぶら歩いていたらお昼になった。紺屋川美観地区には明治二十二（一八八九）年に建てられた「高梁基督《キリスト》教会堂」がある。岡山県に現存する教会としては最古だという。

　お昼は蕎麦を啜《すす》り、タクシーで備中松山城へと向った。臥牛山の八合目にある駐車場でタクシーを降り、そこからは徒歩で登る。

　重厚な石垣群が目前に現れた頃、妖しく広がっ

旧武家屋敷の残る石火矢町ふるさと村はのんびりと散歩するのにぴったりだ

た雲の中から大粒の雨が落ちてきた。ぼくは天守（重要文化財）への石段を駆け上った。雨はしばらく降りつづいた。天守の上り口に腰を下し、しきりと降る雨を見ていた。

「生憎《あいにく》ですなあ」

拝観係りの老人がぼんやり雨を見ているぼくに声をかけた。

備中松山城の現在の天守は、この藩を立藩した池田氏の後に入封した水谷氏二代藩主水谷勝宗が天和元（一六八一）年から三年にかけて造営したとされているが、慶長五年に小堀正次、政一親子が建てたものを、勝宗が改修し、現在の姿になったのだという。

この城は臥牛山の四つの峰からなり、小松山に本丸、二の丸、三の丸が階段状に配され、大松山、天神の丸、前山にも遺構がある。江戸期の備中松山藩の時代は山城では不便なため、山麓に御根小屋という御殿を構え、藩主はそこで起居し政務を行っていたらしい。確かに標高四三〇メートルの山への通勤は大へんだろう。

備中松山城での戦いとしては、三村元親と毛利氏、それに宇喜多氏が加わっての争いが小説的に考えると興味深い。この争いは「備中兵乱」と呼ばれている。顚末をきちんと記したいが話が複雑で原稿枚数の制限上またの機会とさせていただく。

この争いに敗れ、自刃して滅んだ三村氏の当主三村元親の悲劇は小説に書きたいような話だ。興味のある方は「新釈備中兵乱記」（加原耕作編著、山陽新聞社刊）をお勧めしたい。

雨が上り、三の平櫓東土塀や二重櫓（共に重要文化財）などを見て歩いた。圧巻は大手門跡の後方にそそり立つ巨岩とその上にある厩曲輪《うまやくるわ》の石垣だった。ぬかるみ

が靴を汚した。

徒歩で山を下った。雲が切れて青空が広がった。山道で残り蟬が鳴いていた。

備中松山城は日本三大山城の一つとされている。因みに、他の二つは、奈良県にある高取城と岐阜県の岩村城となっている。

この藩の歴代藩主も人事異動が盛んだった。小堀家（備中代官）、池田家、水谷家、安藤家、石川家、その後延享元（一七四四）年に伊勢国亀山藩から板倉勝澄《かつずみ》が五万石で入封しようやく落ちついている。以後、板倉氏がつづき、明治を迎えた。

板倉氏で有名なのは幕末に第七代藩主となった板倉勝静《かつきよ》だ。彼は徳川家茂の代に老中首座（筆頭）になっている。藩政では山田方谷《ほうこく》（儒学者で江戸に遊学し佐藤一斎に入門、藩校有終館学頭）を起用し藩政改革を成功に導いた。戊辰戦争では旧幕府方に身をおき、箱館まで転戦している。明治二（一八六九）年、山田方谷らの説得を受け降伏し禁錮刑に処せられた。

石高も二万石に減封され、藩主には第五代藩主勝晙《かつあき》の甥勝弼《かつすけ》がなった。勝弼が藩主になる前、山田方谷らが、後日のお家騒動を避けるため、「勝全《かつまた》（勝静の嫡男で、勝静が官位を没収された後当主となっていたが朝廷からは藩主と認められないまま父親と行動を共にしていた）が帰藩後は藩主の地位を勝全に譲る」という誓約文を書かせていた。勝静は新政府から赦免された後にこの話を聞くと、「主君は簡単に改めるものではない。ましてや勝全は朝廷から咎めを受けた身である」と言い、勝弼や重臣たちの前で誓約書を破り捨て、重臣たちに勝弼への忠誠を誓わせたという。いい話である。

山を下った。タクシーを拾い、かつて銅山とベンガラで栄えた吹屋ふるさと村を歩き、やはり銅山とベンガラ製造を営み巨大な富を築いたという広兼邸などを見学した。広兼邸では映画「八つ墓村」のロケが昭和五十二年と平成八年の二度にわたり行われている。何処か「封建」という文字が頭をよぎる、おどろおどろしい建物だった。

伯備線で倉敷へもどり、岡山駅から山陽新幹線で帰京の途についた。日が暮れていた。

沼《ぬま》田《た》市

（群馬県）

今は沼田公園に
なっている
沼田城跡には
わずかに
石垣が残って
いる

漫画や絵物語で忍術ものが大流行したのは小学生の頃だった。当時の漫画本を今でも十五冊ほど持っているが、そのうち八冊くらいは忍術ものだ。自分でも忍術をテーマにした漫画を描いたりしてよく遊んでいた。忍術使いは窮地に陥ると胸の前で両指を絡ませ、右手の人さし指を立ててドロンと煙と共に消えるのである。少年雑誌の付録についた忍術虎の巻は今でも大切にしている。

　今は忍術使いなどとは誰も言わない。忍者とも言わないだろう。忍びという言葉がポピュラーとなっている。

敢えて忍術使いという言葉で書くが、子供の頃、この手の世界の大ヒーローは何といっても真田十勇士の一人で甲賀流の忍術使い、猿飛《さるとび》佐助だった。圧倒的に人気があった。真田十勇士にはもう一人忍術使いがおり、それは伊賀流の霧隠《きりがくれ》才蔵だ。子供の頃から傍役《わきやく》に目を向ける傾向のあったぼくは、この霧隠才蔵の大ファンだった。彼のコスチュームも好きだし、何しろ名前が恰好いい。

因みに猿飛も霧隠も架空の人物で、猿飛のモデルとなった人物として上月佐助とか三雲佐助賢春などという名前が上っているが、この二人、如何なる人物かぼくは知らない。

霧隠に関しては霧隠鹿右衛門を元にした架空の人物だという説がある。この鹿右衛門を才蔵と改名させて猿飛の相棒に仕立て上げたのは立川文庫「霧隠才蔵」の作者らしい。なかなかのエンターテイナーである。ここでの霧隠は織田信長に滅ぼされた江北の大名浅井家の侍大将霧隠弾正左衛門の遺児となっており、浅井家が落ちる際郎党に守られ伊賀の名張に隠れ、伊賀流忍術の大家百地《ももち》三太夫に師事し、その極意を授けられるという設定になっている。

とにかくぼくの子供時代、忍術ものは一世を風靡《ふうび》していた。そして猿飛佐助、霧隠才蔵が名前を連ねるのが真田十勇士で、他に三好清海入道、三好伊三《いさ》入道、この二人は兄弟だ。さらに穴山小介（小助）、由利鎌之助、筧《かけい》十蔵、海野六郎、根津甚八、望月六郎といった一癖も二癖もあるキャラクターが揃っている。これら十勇士が仕えるのが伝説的武将真田幸村（信繁）である。

ＪＲ上越線沼田駅に降りたのは九月に入った最初の週末の昼少し前だった。空には雲が広がっていたが駅前には蒸し暑さが充満していた。いつも頼りにしている観光案内所はなく、駅改札近くにある汚れたスチール製のキャビネットに周辺の温泉案内のチラシがあり、わずか一枚、ガリ版で刷られたような町歩きの地図があった。沼田城跡は駅から離れていた。

沼田市ははじめてだった。沼田藩の城下町である沼田には以前から興味を持っていたが、今回おもいきって訪ねたのは、ここが冒頭に触れた真田十勇士を従えた真田幸村の父、真田昌幸が、天正十八（一五九〇）年に吾妻、利根郡下二万七千石を安堵され嫡子の信幸を置いて立藩した土地だったからだ。

沼田は群馬県の北部にある沼田盆地の中心都市だ。歴史は古く、鎌倉時代初期は沼田太郎が付近一帯を治めていたという。沼田の地名もそこからきているのだろう。天文台地の北西端に城を築いたのは沼田氏十二代の万鬼斎顕泰《ばんきさいあきやす》と伝えられている。

元（一五三二）年だという。はじめの頃倉内城とも呼ばれていたこの城は、関東へ至る要衝の地にあるため、越後の上杉氏や小田原の北条氏、甲斐の武田氏といった戦国大名によって目まぐるしい争奪戦が繰り広げられている。

天正八（一五八〇）年、武田勝頼の命により沼田へ進出した真田昌幸が城を攻略、翌九年、沼田城の奪還に来攻してきた沼田平八郎景義を殺し、ここで沼田氏は滅亡している。

平八郎景義は沼田城を築いた沼田万鬼斎顕泰の側室の子で、摩利支天《まりしてん》の再来とまでいわれた勇将だったという。顕泰は城を嫡子朝憲に与え、平八郎を連れて川場村天神城へ隠居したが、側室とその兄（平八郎の母と兄）、金子美濃守らに唆《そそのか》され、永禄十二（一五六九）年の正月、朝憲を呼び出して謀殺、そのため顕泰と平八郎は沼田勢に追われ会津へ逃げている。

十二年後、平八郎は真田昌幸に攻略された沼田城奪還の兵を挙げ沼田に迫った。まともに戦っては勝てないと知った昌幸は、城内にいた貪欲な男である金子美濃守を騙すことをおもいつく。美濃守は言葉巧みに平八郎に接近、彼の武装を解くことに成功する。

「昌幸殿はそちに城を明けわたすと言っておるが」

「おう、それは吉報、よろしく頼む」

美濃守と平八郎はそんな会話をしたのかもしれない。平八郎は城内に誘い込まれ殺されている。風雲児といえども田舎の青年なのだろう。甘いものだ。

沼田城跡の一角に平八石というのがあり、それは真田昌幸が沼田平八郎の首を実検した後にのせた石だという。

沼田氏滅亡後、この地は領有を主張する北条氏と真田氏との沼田城を巡っての攻防がつづく。天正十七（一五八九）年、秀吉が出した大名間の私戦を禁じた「関東惣無事令」を無視した北条方が、利根川の対岸の真田領の名胡桃《なぐるみ》城を不法に攻略したことで、それを口実にした秀吉は北条征伐に乗り出し、ここに小田原の北条氏は滅亡する。

天正十八（一五九〇）年、真田昌幸は秀吉から沼田城を与えられ、名実共に沼田領二万七千石の支配者となった。昌幸は嫡子信幸を初代城主に据えている。

ＪＲ沼田駅は台地上の旧市街地より低い利根川沿いの低地にある。駅前にいたタクシーで沼田城跡へ向うことにした。タクシーは急傾斜な滝坂を上った。

沼田城跡は現在沼田公園となっている。本丸、捨曲輪と二の丸、三の丸の一部が公園に、総曲輪の一部は沼田小学校や沼田女子高校の敷地になっている。本丸跡に西櫓台と石垣、本丸堀の一部が見られ、わずかだが城の名残りを感じさせる。公園内にある鐘楼は、昭和五十八（一九八三）年に復元されたもので、城鐘は、寛永十一（一六三四）年に領内の安泰を祈願して真田沼田藩二代信吉によって鋳造されたものだという。現在は複製品が釣下げられ朝夕時の音を響かせているらしい。

　公園内にある沼田藩の薬種御用達を務めた商家、旧生方《うぶかた》家住宅や、沼田藩最後の藩主土岐《とき》家の子孫、土岐章子爵が渋谷で暮し、平成二（一九九〇）年に当時の当主實光氏より寄贈され沼田公園に移築されたという旧土岐邸の洋館などを見て公園を出た。残り蟬がしきりと鳴いていた。

　城下町沼田の基礎を築いたのは昌幸の嫡子信幸だろう。彼は乱世において真田家の運命を託せる人物として徳川家康を選び、父昌幸と弟幸村とは敵味方に分れ第二次上田合戦で戦っている。結果真田家の命脈を保ち、名も信幸から信之に改めた。

　元和二（一六一六）年、信之は上田へと移り、

沼田公園内に残る貴重な石垣

二代目として信之の嫡男信吉が沼田領を引き継ぐことになる。この信吉なる人物、生年、生母とも諸説があり謎めいた人物だったらしいが、まあそこそこ父親の所領の発展に力を注いでいる。三代熊之助は七歳で死去（一六三八年）、四代を継いだのは信之の次男信政だった。そして五代藩主となったのが、二代目信吉の次男である信利だ。ぼくは個人的にはこの真田信利という人物に真田氏の血の本質のようなものがあると睨んでいる。興味深い人物である。

沼田より上田に移った真田信之は、元和八（一六二二）年に松代《まつしろ》へと加増転封になる。その後、明暦二（一六五六）年に信之が隠居すると、沼田領を任されていた信政が松代藩二代藩主になった。信政が松代に移った後沼田領を相続したのが三代熊之助の弟信利で、二年後信政が死去し、おそらくこの時信利は自分が松代藩主になるとおもったに違いない。ところが隠居していた信之の判断で、松代三代藩主には信政の六男幸道（当時二歳）がなってしまったのだ。沼田藩五代藩主ではあるものの、信利は信之の次男信政の系統に真田氏嫡流が移ってしまったことが面白くなかったのだろう。お家騒動が起るが、結果として信之の後見を得た幸道が松代藩十万石を相続し、沼田藩は独立した藩として三万石で落ちついた。信利はその初代藩主となった。

沼田見物
沼田駅ホームに
展示されていた
天狗面（その①）
①
天狗面は迦葉山
弥勒寺の鎮守で
（その②）
ある中峰尊者
の化身だという
②
沼田藩御用達
薬種商
旧生方
家住宅
③
正覚寺にある
大蓮院殿の墓
真田初代沼田
藩主信之夫人で
本多忠勝の娘
④

信利は松代藩十万石に対抗し領内検地を行う。沼田藩は三万石でしかないのに、実高十四万四千石という途方もない数字を叩き出し幕府に報告したのだ。領民の苦しみは半端ではなく、天和元（一六八一）年に杉木茂左衛門が直訴、沼田藩は治世不良で改易となるのだ。信利は山形藩主奥平昌章に預けられ、直訴した杉木茂左衛門は磔刑《たっけい》に処された。茂左衛門は磔《はりつけ》茂左衛門として未だに語り継がれていると

いう。

信利に真田氏の本質を見ると前述したが、それはしつこさと濃厚なコンプレックスを行動の源としているところを彼に感じるからだ。真田氏というと、昌幸と幸村が圧倒的に知名度を持っている。映画や小説でも人気がある。戦国期をわたり歩いたこの二人、智略や勇猛さは認めるが決して爽やかさは感じない。彼らの行動の根本に淀んでいるのはコンプレックスだ。

信利は何かと松代藩に対抗し、沼田城に巨大な天守閣を設けたり、江戸の中屋敷も松代藩に敗けじと豪華な造りに改築している。やはり松代藩主になれなかったコンプレックスがあったのだろう。歴史家はどう考えるかわからないが、ぼくはこういった自棄《やけ》になる殿様は嫌いではない。濃厚なコンプレックスを持ってはいたものの、彼には智略に長《た》けた昌幸の曾孫であること、実直に真田家を守った信之の孫であること、武勇を語り継がれる幸村を大叔父に持ったという誇りはあったに違いない。コンプレックスと誇りのカオスから生れた欲望やしぶとさこそ、真田家の本来の血のようにおもえてならないのだ。そこに真田の、時代を生き抜く力が見えてくる。

今、沼田城跡には、信利の設けた天守閣も何も残っていない。わずかに、ほんのわずかに石垣が残っているだけだ。

沼田真田藩が消滅した後、しばらくは天領になっていたが、元禄十六（一七〇三）年、下総国舟戸藩より本多正永が二万石で入り、再び沼田藩は立藩された。本多氏が三代つづいた後、常陸《ひたち》国下館から黒田直邦が三万石で入った。黒田氏が二代つづき、代って老中だった土岐頼稔《よりとし》が駿河国田中藩から三万五千石で入り、沼田藩土岐氏は十二代頼知で明治を迎えている。土岐氏は清和天皇を祖とする清和源氏の一流で、美濃氏の嫡流として美濃を中心に栄えたが、やがて常陸、上総など、関東にも進出するようになった。歴史上名高い明智光秀や、浅野長矩《ながのり》（内匠頭《たくみのかみ》）はいずれも土岐氏支流とされている。また坂本龍馬や遠山景元（金四郎）も土岐氏支流というが、そのあたりはどうも俗説らしい。

沼田公園を出て、沼田城初代城主真田信之の奥方である大蓮院（小松姫）の墓地のある正覚寺へ向う。

沼田藩最後の藩主土岐氏の渋谷にあった邸宅をこの地に移築した旧土岐邸洋館

小松姫は徳川四天王の一人、あの本多忠勝の娘である。関ヶ原の合戦の直前、真田父子三人は下野国犬伏で合議し、父昌幸と幸村は西軍に、信之は東軍に付くことが決った。上田への帰路、昌幸は（幸村も一緒にいた）「沼田に寄り孫の顔を見たい」と言い出し、沼田城へと向った。

そんな昌幸に対し、「たとえ舅《しゅうと》であろうと、今や敵である」と、小松姫は武装した姿で城門を開けず追い返している。昌幸にしてみれば、さすが本多忠勝の娘と、苦笑しつつ上田へと帰ったに違いない。後日小松姫は自ら子供を連れて昌幸のもとを訪ね、舅の願いを叶えたという。昌幸、幸村はこのことには感激したらしい。小松姫が昌幸親子を追い返したことについては、くわせ者の昌幸のこと、何をしでかすかわからないといった考えからの行動だったのだろう。

小松姫の墓はなかなか立派なものだった（高さ二七一センチメートル、宝篋印塔《ほうきょういんとう》、沼田市指定重要文化財）。

その日の宿である老神《おいがみ》温泉に着いたのは夕方の五時過ぎだった。部屋に案内され、まずは湯に浸った。歩きまわった身体には温泉が一番だ。

老神温泉の名前には諸説がある。だいたい温泉名（開湯伝説）にはいい加減なものが多いので一つだけ書いておく。何でも赤城山近辺を統治していた大蛇の神と日

光近辺を統治していたムカデの神とが聖域、神域をかけて長い争いを繰り広げていたらしい。この戦いで傷ついた赤城山の大蛇にこの池に湧いていた源泉で傷を癒し、再び戦いに挑みムカデの神を追い払ったというのだ。神を追い払ったというのでこの温泉を「追神」と名付け、やがて転じて「老神」になったという。笑い話のようだが、まあ温泉伝説としてはこのくらいの方が面白い。

翌日宿を出たぼくは、以前から一度見たかった吹割《ふきわれ》の滝へと向った。宿からバスで三十分ほどで着いた。まだ残暑が強く滝見物には最適な天気だった。

なかなかユニークな滝だった。高さは七メートル、幅三〇メートル、奇岩が（人面のような岩壁もある）一・五キロメートルもつづく片品渓谷（吹割渓谷）の浸食されたV字の谷に三方から河川が流れ落ちる姿は流麗だ。その景観から「東洋のナイアガラ」とも呼ばれているらしいが、ほんもののナイアガラの滝をこの目で見ているぼくからすると、ちょっと首をひねらずにはいられない。V字の谷から吹きあがる水しぶきはまさに吹割の滝といった観があった。このネーミングで充分である。

帰りの電車のなかで、ぼんやりと真田一族のことを考えた。ぼくは多くの作家ほど真田一族を英雄視していない。

友人にも悪い男はいる。犯罪すれすれのロープをわたっているような男だ。ただ時々会って食事などすると、人のいい笑顔と義理人情の厚さを見せる。評判は悪いが、敵にまわしたら怖い男だ。真田一族からぼくはそんなことをおもうのだ。

二本松城跡
箕輪門の前には
戊辰戦争で
奮戦した
少年隊の銅像が
あった
少年たちは二本松藩伝統の剣法
突きの構えをしていた

三春町《みはるまち》・二本松市《にほんまつし》

（福島県）

イラストレーターになれたのは三十歳の頃だった。イラストレーターになれたというか、二十代は勉強の年と考えていたので、美大を出てまず広告代理店に入り、二十代のうちに外国で暮しておきたかったのでニューヨークで二十七歳と二十八歳を過した。帰国後出版社で雑誌のアートディレクターとして仕事をした。要するに逆の立場を経験しておきたかったのだ。今、この経験は随分役に立っている。

　評論家の川本三郎さんから、サイン入りの「傍役グラフィティ」（ブロンズ社刊）をいただいたのは昭和五十二（一九七七）年のことだった。実はこの本の装丁はぼくがやっている。イラストレーターとしてそこそこ名前が知られはじめた頃の仕事で、依頼された時はうれしかった。この本の著者はもちろん川本三郎（真淵哲の名前もあるので共著になるのだろう）さんなのだが、現代アメリカ映画の傍役事典といった趣きがあり、今読んでも面白い。ぼくにとっては永久保存版といった本である。

映画を支える傍役には、主演の大スター以上の魅力がある。ぼくは子供の頃から変なところがあり、映画でも小説でも芝居でも、妙に傍役に惹《ひ》かれるところがあった。小学校に入学した時でも、友だちになるのはいつもちょっとズレた人間だった。小学生の頃愛読した小松崎茂の「大平原児」でも、主人公よりもトマホークのモーガンという謎の人物が好きだった。横山光輝の漫画に傍役でよく登場するかぎ鼻の兄弟（村雨《むらさめ》兄弟という）のハードボイルドな雰囲気もたまらなく好きだった。金よりは銀、源義経ではなく木曾義仲、織田信長や豊臣秀吉ではなく、丹羽長秀や脇坂安治などに興味があった。「清洲会議」（映画は「清須会議」）を撮った脚本家の三谷幸喜さんと対談した折り、「三国志では誰が好きですか」と訊かれ、咄嗟に出たのは「周瑜公瑾《しゅうゆこうきん》」だった。自分でも傍役的存在に目を向けた「4番目の美学」（心交社刊）なる本を出したがさっぱり売れなかった。小学校や中学、高校での経験だが、成績一番の生徒というのは、二番や三番をまったく気にしていないものだ。ところが四番目あたりに停滞している生徒というのはふしぎと一番の生徒にとって、彼にないものを持っており、時には何を仕掛けてくるかわからない怖さがあるらしい。自己弁護になるが、実はぼくはいつも四番あたりにうろついていた生徒であった。

因みに「傍役グラフィティ」に出てくるアメリカ映画の役者では、ハリー・ディーン・スタントンやロバート・ライアン、ロイ・シャイダーなどが好きだ。

今回、三春と二本松を訪ねることにしたのは、この二つの城下町の距離が案外近いこと、それと、二藩の最後の藩主がぼく好みの傍役的要素を強く持っていることにあった。

三春藩秋田家は、安倍貞任《あべのさだとう》を先祖としている奥羽有数の古族だ。貞任は北上一帯（岩手県）に勢力圏をおく豪族だったが、中央政権に抵抗したことから源頼義、義家父子の攻撃を受け、捕らえられて斬首された（一〇六二年）。遺族は津軽に逃

町立三春小学校の校門になっている三春藩講所「明徳堂」

れ安東氏を名乗り、その子孫は蝦夷地と上方を交易することで経済的な繁栄を得ている。余談だが、二〇一三年の冬青森県の鰺《あじ》ヶ沢《さわ》にある「水軍の宿」なる宿に泊ったが、おそらくこのネーミングはかつて繁栄をほしいままにした安東氏の水軍からきているのだろう。

安東氏はやがて南部氏に侵略され、やむなく出羽（秋田県）へと移住する。現在の秋田県北部を治める小戦国大名に伸《の》し上ったのは安東愛季《ちかすえ》で、安東から秋田へ姓を改めたのは愛季の嫡男の実季だ。

実季は秀吉の仲介により細川昭元の娘を妻としている。彼女は母親が織田信長の妹だという。そんなことからあの有名な淀殿や徳川二代将軍秀忠の妻となったお江与とは従姉妹同士になる。実季夫婦間にできた嫡男の俊季は徳川家光と豊臣秀頼とは又従兄弟《またいとこ》同士といった毛並みの良さだ。その俊季が陸奥三春（五万五千石）に入ったのは正保二（一六四五）年で、以後十一代三春を治め明治を迎えている。秋田（安東）氏は、北上から津軽、秋田、宍戸《ししど》と転々と移り、ようやく三春に安住の地を得たのである。

磐越東線三春駅に降りたのは晩秋の午前十一時過ぎだった。城下町として知られる三春へは前から来てみたかったのだ。観光案内所で町歩きの地図をいただいた。例によって空から雨が落ちてきた。ぼくはほんとに（つくづく）雨男なのだ。駅前のタクシーに乗り、まずは三春城跡へと向った。

三春町は福島県田村郡にあり、江戸期に三春藩の置かれた城下町だ。現在この町で知られていることといったら、日本三大桜の一つ「三春の滝桜」（他の二つは岐

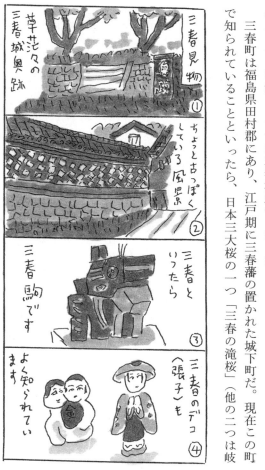

阜県本巣《もとす》市の「根尾谷淡墨桜」と山梨県北杜《ほくと》市武川《むかわ》町山高の「山高神代桜」）と「三春駒」くらいだろうか。三春というチャーミングな町名らしく、春には桜で賑わうらしい。

雨の三春城（舞鶴城とも呼ばれる）跡へと登った。城跡は三春町の中心部の丘陵（標高四〇七メートル）にある。築城の時期は定かではないが、史料上明確とされているのは、永正年間（十六世紀初頭）、当時周辺を支配していた田村義顕《よしあき》が、守山城（現在の福島県郡山市）より三春城へ本拠を移したということだ。江戸時代は加藤氏、松下氏、秋田氏の居城であり、現在は公園として整備されており、全国的に桜の名所として知られている。城跡近くには、町役場など、公共機関が集っている。

城跡は夏にのびた雑草に覆われていた。石垣がわずかに残り、本丸北側は奥跡の表示があって石垣でできた台座は秋田家墓所らしかった。周囲にはかつての石垣の名残りとおもわれる石が散らばっていた。大広間跡には桜の木が多く、花見の賑わいが感じられた。この大広間で、戊辰戦争での新政府軍への内応が諮《はか》られたのだろうか。秋田氏は奥羽越列藩同盟軍に属しながら土壇場でうまい具合に新政府軍へ内応、かつての味方に襲いかかっている。

「三春キツネに騙された」

かつての同盟軍だった藩の人々は未だにそう口にしているらしい。新政府軍に寝返った秋田氏三春藩は、勝者として明治を迎えたが、おそらく後味は悪かっただろう。日本人は元来裏切り行為を憎む。それはぼくも同じである。しかし、安東氏からはじまり、各地を転々としてきた秋田氏だっただけに、この苦渋の選択は避けられないことだったのだろう。

城跡を下り、今は三春小学校の門になっているかつての藩校門「明徳門」を見て三春を後にした。

三春駅から郡山へ出て二本松駅へと向った。この日の宿は岳《だけ》温泉に決めていた。この温泉は二本松駅からバスで三十分ほどの距離にあり、以前から気になっていたのだ。

電車のタイミングがよく、二本松駅には午後の三時過ぎに着いた。観光案内所で求めた地図を見ると「安達ヶ原黒塚、岩屋」が目に入ったので、行ってみることにした。子供の頃から「安達ヶ原の鬼婆」伝説には怖いもの見たさの興味があった。

タクシーは阿武隈川《あぶくま》に沿って黒塚、岩屋へとひた走った。雨は上っていた。

黒塚は阿武隈川を背に、二本松市の安達ヶ原四丁目にある。歌舞伎や謡曲でもよく知られている。安達ヶ原の鬼婆は名前を岩手という。京都の公卿屋敷の乳母だったが、長年手しおにかけて育てた姫の病気を治したい一心から、「妊婦の生肝を飲ませれば治る」という易者の言葉を信じ、遠くみちのくへ旅立ち、辿り着いた場所がこの安達ヶ原の岩屋だったのだ。彼女には鬼にならざるを得ない悲劇が待っているのだが、黒塚は鬼婆の棲んでいそうな奇岩が重なり、何ともおどろおどろしい景観を見せていた。白真弓《しらまゆみ》如意輪観音堂に手を合わせ黒塚を出た。おもいがけず興味深い場所だった。

岳温泉の宿に入り湯に浸った。雨がやんで空に星が見えた。夕食の時、地酒の大七を飲んで布団に入った。

朝、晩秋の青空が広がっていた。宿の車で、近くだという「智恵子の生家」まで送ってもらった。智恵子とは、彫刻家で詩人の、あの高村光太郎夫人の智恵子だ。彼女の生家は造り酒屋である。明治期の建物（一部は復元）には新酒の醸成を示す杉玉がぶら下っていた。屋号は「米屋」、酒銘は「花霞」だという。裏庭には酒蔵をイメージした「智恵子記念館」があり、彼女の油絵や紙絵が展示されていた。決して上手いとはおもえなかったが、女性らしいやさしさが感じられた。智恵子の二十七歳の時の写真を見たが、案外今風な顔をしていた。この顔が高村光太郎の詩心をゆさぶったのだろうか。それとも他に光太郎にしかわからない女の魅力があったのだろうか。

記念館の女性にタクシーを呼んでもらい二本松城へと向った。二本松城は霞ヶ城とも呼ばれている。この城の最後の藩主は、信長の後継者を巡っての清洲会議で微妙な動きをした結果秀吉側についた織田家中の名門、丹羽長秀を祖としている。長秀は信長が安土城を築いた時、工事の責任者に命じられているが、元来この一族には高度な築城技術があったようだ。長秀の死後、後を継いだ長重も、五万石の棚倉（福島県）城主として築城に着手、完成させ、その後、十万七百石の城主として白河へ移封、ここでも築城に着手、完成させている。両城とも難攻不落の城として名高い。もしかしたら、幕府は築城名人の長重を利用したのかもしれない。二本松藩が立藩されたのは、伊予松山藩二十万石から四十万石に加増されて会津に入った、賤ヶ岳の七本槍の一人として知られる加藤嘉明の娘婿、松下重綱の時だった。重綱は、下野烏山藩二万八百石から五万石に加増され二本松藩を立藩した。松下家が二代つづいた後、加藤嘉明の三男加藤明利が入るが一代で改易、その後に陸奥白河藩主だった丹羽光重が十万七百石で入っている。彼は父長重の死後、弱冠十七歳という若さで白河藩主となり、次いで二本松藩丹羽家初代藩主となったのだ。以後二本松藩は十一代つづき明治を迎えている。

丹羽家は平安時代末期から中世にかけての同族的武士団武蔵七党の一つ、武蔵国児玉党に属していた。やがて尾張国へ移り、丹羽郡児玉村に住したらしい。二十六代の高宗の代に「児玉」を名のり、三十代忠長の代に「丹羽」を姓としている。忠長の子長政は斯波義敏に仕え、その第二子が長秀で、彼は斯波氏の守護代織田氏の庶流、織田信長に仕え、永禄三（一五六〇）年の桶狭間の合戦などで武功を立てた。長秀は柴田勝家と共に信長の重臣として軍事、民事を支配、丹羽家は長秀をもって中興の祖としている。

肖像画で見る丹羽長秀はとても戦国時代を生き抜いてきたとはおもえない穏やかな顔をしている。歴史的に見ても地味な存在だ。ぼくはこういった人物が好きなのだ。今回、三春と共に二本松を選んだことには、そんな長秀の子孫が城主だった土地ということがあった。

二本松丹羽家初代藩主光重は、父長重の側室の子として江戸愛宕の屋敷で生れている。幼名は宮松丸といい、やがて五郎左衛門と称している。名君として家臣や領民には尊敬されていたというが、茶道、書画を愛する文化人気質の人だったようだ。名君と文化人気質が比例するのかどうかわからないが、まあ、当りさわりのない育ちの良さを持つ人物だったのだろう。光重の「光」は、十四歳で元服した際、将軍家光の一字を賜り左京亮《さきょうのすけ》光重としたという。

二本松城跡に立った。城は二本松市街地の北に位置し、麓の居館と標高三四五メ

ートルの白旗ヶ峰に築かれた（そのため白旗城の別名もある）平山城だ。

天守台にも本丸にも何も残っていないが、石垣造成を得意とする丹羽家が手を加えたのか、城は重厚だ。前日の雨を吸った本丸の土は赤く沈んで見えた。天守台へ上り眼下を眺めた。戊辰戦争のことをおもった。おそらく今眺めている眼下には新政府軍が雲霞のごとく押しよせていたのだろう。会津の白虎隊《びゃっこたい》ほど知られていないが、二本松少年隊の悲劇は痛ましい。今は少年隊と呼ばれているが、この隊は二本松城下に新政府軍が切迫する直前に、出陣を志願した十三歳から十七歳までの少年を緊急に各部隊へ配属したため当時は正式な名称はなかったらしい。

十四歳で志願した武谷剛介の回顧談にはこのようにある。

「藩のために戦争に出て戦うことは、武士として当然のことであって、特に語るべきことではない。恐ろしいとは思わなかった。出陣の前の夜などは、今の子どもの修学旅行の前夜のようなはしゃぎようだった」

やはり子供である。

十四歳で志願して戦死した成田才次郎は、父親から、「敵を見たら斬ってはいけない。突け、ただ一筋に突け。わかったか、わかったら行け」と諭《さと》され出陣したという。この突きは、初代藩主丹羽光重以来の二本松藩伝統の剣法だという。

少年隊士六十二名のうち十四名が壮絶な戦死を遂げている。

少年隊士が激戦を展開した大壇口や、旧二本松藩丹羽家菩提寺大隣寺などをまわり二本松を後にすることにした。この寺には、戊辰戦争の殉難者の戦死群霊塔と共に二本松少年隊隊長木村銃太郎（大壇口にて戦死）、副隊長二階堂衛守《えもり》をはじめ少年隊戦死者十四名の供養塔が建立されている。

二本松駅に来て電車の時刻表を見ると一時間ほど時間があったので、町なかをぶらぶらと歩いた。城下町らしき風情は何処にもない。二本松歴史資料館に入ると、二階の展示室に江戸後期に描かれたという「二本松城之図」があった。その重厚な構えは、さすが「日本百名城」に選ばれるだけのことはあるなあとおもった。

電車で郡山へと向った。智恵子のいう安達太良《あだたら》山は何処かなあと車窓を見た。

解説

松平定知

２０１４年３月19日水曜日。この日の新聞・朝刊一面には、ロシアがクリミア編入を表明したことや、４月から引き上げられる消費税についての紹介記事などが載っている。

同じ日の私の日記帳を見ると、「15時半・歯医者」と一行あるだけ。

世の中の激しい動きに比して、私はこの日も、うかうかと、平平凡凡の、昨日の続きの普通の日を送っていた。この日、安西水丸さんが亡くなった。71歳。今の私の年齢である。

私が安西水丸ファンになったのは「前世紀」のことだから、かなり、「筋金入りの」である。でも、20年にもわたって「密かに」思い続けてきた安西さんとお目にかかってお話できたのは、私が担当していたNHK「その時歴史が動いた」の放送終了後のこと。安西さんが、その私の番組を好いてくださり、よく見てくださっていたことと、お互いが城好きであることを知った共通の友人の紹介によるものだった。

安西さんは挙措動作が極めて自然で、お目にかかった時も、お互い、話したい時がきたら話すといった、普通の、とても心地よい、「ラク」な時間の流れだった。その日、「是非、また」と、言ってお別れしたのだが、再会できたのは、それから、一年ほどのちのこと。そして、それが最後になった。だから訃報を聞いた時、私は茫然とした。

安西さんは、イラストレーター、エッセイスト、漫画家、作家、絵本作家と、数々の肩書で呼ばれるが、マルチタレントにありがちな才気ばしったところがまるでない。一切の「力み《りき》」がない。多くのことに関心を持ち、それらについて卓越した知識をお持ちなのに、それらを「どうだあっ」と自慢げに話すお気持ちは欠片もない。その静かな佇まいに、私はすっかり参ってしまった。そういえば、この本の表題の「ちいさな城下町」は、まさに「安西さん」である。氏は大の城好きだから城ならなんでもいいのだが、本当を言うと、立派で大きな城より、何気ない「小さな城」の方がお好きなのだ。本書の最初のページに記されている次の文章に、安西さんの「城観」を見る。そしてそれはまさに「私の思い」でもあった。――「なまじっか復元された天守閣などない方がいい。わずかな石垣から漂《ただよ》う、敗者の美学のようなものがたまらない」と。

安西さんが「いい」と仰ってくださった、前述の、NHKの「その時歴史が動いた」は2000年4月から（この年は正確には3月29日から）2009年3月までの丸9年間続いたが、この番組を制作するにあたってのコンセプトが三つあった。それは、『史料至上主義を排す』『敗者にも慮《おもんぱか》りを』『歴史を結果からみて論評しない』の三つだったが、最初にお目にかかった時、私がそのことをおずおずと切り出すと、安西さんは「あの番組が好きだったのは、それらのことが、きちんと私にも伝わってきたからです」と仰って下さった。以下は、例えば、そんなことについて、私たちが、お互い、ぼそぼそと、時間をゆっくりかけて話した概要である。

まず、『史料至上主義を排す』。

「そんなことは史料に残ってないから、ない！」「それは、あった。だって史料の文書にそう書いてあるから」――つまり、信じるモノは、あくまで「書かれて残っている」史料で、「書かれていないもの」は信じない――こういう傾向が「学校での歴史授業」を無味乾燥なものにしてはいまいか、というのが二人の最初の合意点だった。もちろん文書として残っている史料には最大限の敬意は払うけれども、たとえば、『山本勘助殿。これより、貴殿は速やかに上杉陣営に赴き、敵軍の武器弾薬の量を内偵し報告すること。永禄3年×月×日。武田信玄。花押』なんて文書（史料）は、そもそもが「密命」なのだから存在する筈はない。でも「史料」として存在はしなくても、「そうしたこと」が「あった」確率は高い。つまり「文書史料として残ってないから、なかった」とは言い切れないのだ。逆もまた同じで、例えば、信長公記、徳川実紀や太閤記といった「一族もの」の史料には、「オラが大将」を少しでも好印象で後世に伝えたいと、関係者が書き手に脚色を交えて書くよう命じた部分もあるだろうし、書き手が勝手に周囲を慮って、本来ないものを「ある」と書いた部分もあるに違いない。つまり、『書いてあるから、そうなのだ』と思いこむことも、正しくない。

「受け」狙いだけの、荒唐無稽な想像話は論外だけれども、「あったかもしれないこと」に関しては、もっと想像の翼を大きく広げて歴史を見る柔軟性を持つべき、というのが私たちの合意点「その1」だった。

次。『敗者にも慮りを』。

保元元年（1156）の「保元の乱」で勝ったのは後白河天皇方。その功労者は平清盛と源義朝だった。清盛も義朝も叔父や父を敵に回して一族入り乱れての戦いになったが、天皇側勝利への貢献度は、清盛・義朝、甲乙つけ難かった。それなのに、戦後の恩賞に著しい差が生じた。清盛は恩賞の一つ「播磨守」の役職で瀬戸内の航行利権を手にすることが出来、併せて拝受した大宰府における役職で、対宋貿易の権益もしっかり確保した。これらの「富《とみ》」が後の「平家政権」を支えもした。一方、義朝の恩賞は右馬権頭任官だった。この官は武士たる者の憧れの役職だったかもしれないが、「実利的」には、清盛とは『著しい差』である。3年後の平治の乱は、教科書的には後白河上皇の院政か二条天皇の親政かの争いで、それはそれで正しいのだが、底流には、この恩賞問題の遺恨があった（と思う）。戦《いくさ》に敗れ、頼朝、義経らの息子を残して、落ち延びる途中の知多半島で謀殺された義朝の「言い分」を聞いてみたい。敗者に思いを致すことで、「一つの事件」の様相は「従来のモノ」とは違ってくる可能性が高いというのが、合意点「その2」。

三つ目は、『歴史を結果からみて論評しない』。

武田勢が手痛い敗北を喫した長篠（設楽原）の戦いは、信長側の主武器・鉄砲のっただろうか。

「三段撃ち」が威力を発揮したから、と我々は学校で習った。でも、本当にそうだったか。

この戦があったのは天正3年5月21日。今の暦で言えば6月、梅雨の季節。一年で最も雨が降る確率の高い時期である。当時の「鉄砲（火縄銃）」の大敵は『水（雨）』である。あの戦上手の信長が、「雨の時期」の戦争の「主武器」に、果たして鉄砲を選択しただろうか。戦場となった長篠・設楽原は、今の新城市のあたり、当時は静かな水田地帯である。しかも戦の時は「田植え」の時期。雨の季節の、満満たる水を湛えた田圃の周辺（戦場）は泥濘状態だったのではないか。そういう状態で信長側が、戦国一の実力を誇る武田騎馬軍団に対して、三列の隊列を組んで、その三列を間断なく移動させての「鉄砲の三段撃ち」を相手を殲滅するまで仕掛け続けることが可能だったか。進取の精神に富む信長だから、当時、新しい武器として威力を発揮していた「鉄砲」を全く使わなかったことはないかもしれないが、少なくとも、鉄砲が「主武器」ではなかったと考える方が合理的である。あの戦は、馬防柵や、味方が身を隠す穴などの仕掛けをあらかじめ準備した戦場に勝頼をおびき寄せ、得意の野戦に持ち込んだ信長側の事前作戦の勝利と見るべきである。

どんな戦でも、戦う前は、勝つか負けるかは五分と五分。信長にしても、ここで負けては、それ以前の桶狭間や姉川などでの勝利が水泡に帰してしまうのだから必死である。そんな時に、「雨に鉄砲」を信長が選択する筈がない。これは「信長の勝ち」という「結果」がまずあって、経過は二の次という「結果から物事を論評する歴史家」が犯した悪例の典型、というのが合意点「その3」。

と、安西さんとは、こんな話を、ボソボソと時間をかけて話して、飽きることがなかった。

あの温かい「出会いの時間」が今でも懐かしいが、亡くなったあと、たまたま、この「ちいさな城下町」を手にし、読んでいる間中、あ、同じ感覚だな、と思った。一気に読みたい気持ちを抑えて、わざと時間をかけて、一枚一枚、丁寧にページを繰った。

この本には、歴史や城の話以外に、「冒険王」や、「イガグリくん」や「赤胴鈴之助」の名前も登場する。西鉄ライオンズの記述もある。あの時代の西鉄は「野武士集団」と言われ、滅法強かった。日本シリーズ。「ジャイアンツ・命」の野球少年の私が悔し涙にくれた破壊力満点の西鉄のスタメンは、一番センター高倉、二番ショート豊田、三番サード中西、四番ライト大下、五番レフト関口、六番ファースト河野、七番セカンド仰木、八番キャッチャー和田、九番ピッチャー稲尾。——正確ではないかもしれないが、思い出すままに、いま、何も見ず「ソラ」で挙げてみたので、お許し頂きたい。

それにしても。安西さんと私が少年時代だった、あの昭和30年代は、もう、だいぶ遠くなってしまった。

（京都造形芸術大学教授・元ＮＨＫアナウンサー）

初　出

村上市	「オール讀物」2010年11月号
行田市	「オール讀物」2011年2月号
朝倉市	「オール讀物」2011年5月号
飯田市	「オール讀物」2011年8月号
土浦市	「オール讀物」2011年10月号
壬生町	「オール讀物」2011年12月号
米子市	「オール讀物」2012年2月号
安中市	「オール讀物」2012年6月号
岸和田市	書き下ろし
中津市	書き下ろし
掛川市	「オール讀物」2012年8月号
天童市	「オール讀物」2012年11月号
新宮市	「オール讀物」2013年1月号
西尾市	「オール讀物」2013年3月号
大洲市	「オール讀物」2013年5月号
亀山市	「オール讀物」2013年7月号
木更津市	「オール讀物」2013年9月号
高梁市	書き下ろし
沼田市	「オール讀物」2013年12月号
三春町・二本松市	「オール讀物」2014年2月号

単行本

2014年6月　文藝春秋刊

DTP制作　エヴリ・シンク

引用出典

64頁）「若鷲の歌」（1943）　作詞・西条八十　作曲・古関裕而
160頁）「鞠と殿さま」（1929）　作詞・西条八十　作曲・中山晋平

文春文庫

ちいさな城下《じようか》町《まち》

定価はカバーに
表示してあります

2016年11月10日　第1刷
2021年7月20日　第3刷

著　者　安《あん》西《ざい》水《みず》丸《まる》
発行者　花田朋子
発行所　株式会社 文藝春秋

東京都千代田区紀尾井町 3-23　〒102-8008
TEL 03・3265・1211㈹
文藝春秋ホームページ　http://www.bunshun.co.jp

落丁、乱丁本は、お手数ですが小社製作部宛お送り下さい。送料小社負担でお取替致します。

印刷製本・凸版印刷

Printed in Japan
ISBN978-4-16-790734-1

文春文庫　最新刊

百花　川村元気
「あなたは誰?」息子は封印されていた記憶に手を伸ばす…

一夜の夢　照降町四季（四）　佐伯泰英
藩から呼び出された周五郎。佳乃の覚悟は。感動の完結

日傘を差す女　伊集院静
元捕鯨船乗りの老人が殺された。目撃された謎の女とは

彼方のゴールド　大崎梢
今度はスポーツ雑誌に配属!?　千石社お仕事小説第三弾

雲州下屋敷の幽霊　谷津矢車
女の怖さ、したたかさ…江戸の事件を元に紡がれた五篇

トライアングル・ビーチ　林真理子
恋人を繋ぎとめるために、女はベッドで写真を撮らせる

太陽と毒ぐも〈新装版〉　角田光代
恋人たちに忍び寄る微かな違和感。ビターな恋愛短篇集

穴あきエフの初恋祭り　多和田葉子
言葉と言葉、あなたと私の間。揺らぐ世界の七つの物語

色仏　花房観音
女と出会い、仏の道を捨てた男。人間の業を描く時代小説

不要不急の男　土屋賢二
厳しく優しいツチヤ教授の名言はコロナ疲れに効くぞ!

メランコリック・サマー　みうらじゅん
心ゆるむムフフなエッセイ。笑福亭鶴光との対談も収録

手紙のなかの日本人　半藤一利
漱石、親鸞、龍馬、一茶…美しい手紙を楽しく読み解く

太平洋の試練　ガダルカナルからサイパン陥落まで　上・下　イアン・トール　村上和久訳
米国側から描かれるミッドウェイ海戦以降の激闘の裏側